www.ingramcontent.com/pod-product-compliance
Lightning Source LLC
Chambersburg PA
CBHW070639150426
42811CB00050B/402

ספרי

המקובל רבי

יוסף ג'יקטיליה

ספר הניקוד
ספר החשמל
סוד הנחש

ידוע כי אין בר בלי תבן, כך אין ספר בלי טעויות, ועוד יודע אני כי דל ועני אני, **ואין עני אלא בדעה**. לכן מבקש אני בכל לשון של בקשה אם יש לכל אחד שאלות, הערות, הארות, תיקונים, נא לשלוח ל - simchatchaim@yahoo.com והשתדל לענות, ולתקן את הצריך תיקון.

להשיג ספר זה או ספרים אחרים לאינפורמציה

simchatchaim@yahoo.com

מהדורה ראשונה תשפ"ד 2024

המקובל רבי יוסף ג'יקטיליה

תוכן הספר

דף **תוכן**

המקובל רבי יוסף ג'יקטיליה

המקובל רבי יוסף ג'יקטיליה

המקובל רבי יוסף בן אברהם ג'יקטיליה נודע גם כמהר"י ג'יקטיליה [נולד בשנת ה'ח', 1248 – והסתלק בשנת ה'ס"ה, 1305 או 1325], היה מגדולי המקובלים בספרד במאה ה-13.

רבי יוסף נולד בקסטיליה, והיה תלמידו של המקובל הנבואי רבי אברהם אבולעפיה, שאמר עליו בספרו **אוצר עדן הגנוז** – והוא [רבי יוסף] בלא ספק הצליח הצלחה מופלאה במה שלמד לפני, והוסיף מכוחו ומדעתו, וה' היה עמו.

המקובל רבי יוסף ג'יקטיליה הרחיב והפיץ את תורת רבו ברבים, בהיותו כבן 26 חיבר את ספרו **גינת אגוז**, העוסק בגימטריות וצירופי שמות קבליים.

ספרו **שערי אורה** נחשב אצל המקובלים לאחד מספרי היסוד הקבליים, ומפורסם שהאר"י אמר על ספר זה כי הוא המפתח לכל תורת הסוד. גם תלמידו הגדול של הגאון רבי אליהו [הגר"א] רבי חיים מוולוז'ין, התבטא פעם שעל מנת לצאת ידי חובת תורת הקבלה, יש ללמוד את ספר הזוהר ואת ספר שערי אורה.

בספרו **שערי אורה** רצה לספק לתלמידיו הסברים על הקבלה, התייחס לאלהי"ם דרך הספירות, הספר פותח בתשובה לשאלה מהם שמותיו של אלהי"ם, כל אחד מהשמות, חוץ מהשם המפורש, מצביע על יחס לעולם, התלמיד השואל רצה להפיק רוחניות מהם, לעשות שימוש רוחני בשמות, ורבי יוסף ג'יקטיליה מנסה להניא את התלמיד מעשיית שימוש בשמות, וודאי שלא לצורך רווח

2

המקובל רבי יוסף ג'יקטיליה

חומרי.

מרן הבית יוסף להלכה, הביא מספר שמועות בשמו, לדוגמה - שאין להוציא תפילין של ראש מהתיק עד שיניח תפילה של יד, שאין לקדש את הלבנה עד שיעברו עליה שבעה ימים, ושאין להפסיק בעניית אמן יהא שמיה רבא בקדיש בין מילת עלמיא למילת יתברך.

ספר זה, הוא בעצם שלוש ספרים —
א. ספר הניקוד - סוד הניקוד בלשון הקודש.
ב. ספר החשמל - סוד מרכבת יחזקאל ואותיות הדקדוק.
ג. ספר הנחש - סוד כוחות הטומאה.

בספרים אלו המקובל רבי יוסף ג'יקטילה, מעמיד את כל היקום והקיום על הניקוד. בעזרת הניקוד מציג המקובל רבי יוסף ג'יקטילה את הניקוד הן מבחינה הפילוסופית והן מבחינה קבלית, זו בצד זו. והניקוד משתלב במערך הספירות, הניקוד משקף אפוא את היקום.

אמנם המקובל רבי יוסף ג'יקטילה מכניס לתמונת העולם שלו, המבוססת על הניקוד, גם את האותיות, אולם הוא הופך אותן לחלק ממערך הניקוד. ולא רק על ארבע אותיות הניקוד, אמות הקריאה **אהו"י**, הוא מדבר.

המקובל רבי יוסף ג'יקטילה, מדבר על עוד קבוצת אותיות גדולה המשמשת כמדריכת קריאה, וזאת בעקבות המדקדקים העבריים בראשית ימי הביניים.

התייחסות זאת לאותיות בקבלה היא ייחודית למקובל רבי יוסף ג'יקטילה, ומאוד מעניין לראות איך הוא בונה את השיטה ויוצר זאת תוך קישור קבוצות האותיות לנושא

המקובל רבי יוסף ג'יקטיליה

הנקרא בתורת הקבלה - המרכבה. הוא מחלק את האותיות לקבוצות על פי מושגים מחזון המרכבה הנשגב של יחזקאל, ובכך הוא מכניס את הניקוד ואת השפת לשון הקודש לליבה של המרכבה, וכל זה בסוד החשמל.

בספר הנחש, מבאר המקובל רבי יוסף ג'יקטילה את סוד הטומאה והקדושה, והבחירה הניתנת ביד האדם, לבחור בין זה לזה, בין הטוב והרע, עץ הדעת טוב ורע.

חיבוריו

פירוש על ההגדה
ספר גנת אגוז
ספר שערי אורה
ספר שערי צדק
ספר הניקוד
ספר החשמל
סוד הנחש
כללי המצוות
אגרת הקודש
ספר המשלים
פרוש על פרקי דרבי אליעזר

ספר הניקוד וסוד החשמל

הקדמה:

ספר הניקוד - למקובל רבי יוסף ג'יקטליא ז"ל.

אחד קדוש מדבר איש האלה"ים הרב רבי יוסף גיקטליא ז"ל:

אשר היה לפנים בישראל גדול שמו בתורה, ובחסידות, ובקדושה יתירה, הוא הרב אשר חיבר ספר שערי אורה, אלי[1] גנת אגוז ירדתי, וברוך שחלק מחכמתו ליראיו ברכתי, לשון השל"ה הקדוש:

הוא הקדוש בעל שערי אורה הנזכר וספר שערי צדק, וספר גינת אגוז, ושאר ספרים הידועים בישראל וגדול שמם:

[1] שיר השירים ו יא

ספר הניקוד וסוד החשמל

ניקוד החלם: יֹ

ראיתי ידיד נפשי, לפתוח לך שערי בינה, ותכנס לראות בחדרי התורה הפנימיים, הגנוזים בכמה מנעולים, חדר לפנים מחדר, והוא עניין הניקוד:

דע ידיד נפשי, שאף על פי שהודענוך כמה מעלות טובות בעניין הספירות והמרכבות, צריכין אנו להודיעך כי כמו שהגוף מתנועע מכח מניע, אם מת אם חי, המת, כדמיון הקולמוס המתנועע ביד האדם החי, והחי, כדמיון גוף האדם המתנועע מכח נפש החיוני שבו, כך יש באותיות התורה שהם כ"ב, מהם אותיות שנקראות **חשמ"ל**, בהם מניעות את שאר אותיות כמו שהנפש מניעה את הגוף. ומהם אותיות נקראות חיות וגם כן מניעות את שאר האותיות, אבל לא כתנועת אותיות חשמ"ל, אלא בשעה שהם מניעות גם הם מתנועעות עמהם, ונמצאות שתי תנועות משונות באות כאחת, ומהם אותיות שנקראים אופנים ואינן מניעות עצמן כלל אם לא יניעום האותיות הנקראות חשמל, או הנקראות חיות באחת ממיני התנועות המיוחדות, לכל אחד מהם:

ולפי דרך זו צריכין אנו להרחיב לך הביאור ולומר, כי כמו שהנשמה השכלית מניעה את הגוף והיא אינה מתנועעת כלל, כן יש בסוד השם הגדול יתברך שמו, סדר התנועה לכל העולמות, בסוד היות שם הוי"ה יתברך הוא מניע את הכל, והוא נבדל ממה שהוא מניע, וכמו שהוא יתברך ויתעלה מניע את כל הנבראים כולם, והוא נבדל מהם, ונסתר מהם ומניעם, כך שמו יתברך **הוי"ה** הוא מניע את כל האותיות, ונבדל מן האותיות, ונסתר מהם, בשעה שמניעם, להורות על גדולת השם יתברך שהוא מתייחד בשם זה. ואחר שעוררנוך על זה נכנס להודיעך סוד מעלת

הנקודות וסדריהם ומערכותיהם אלו על גבי אלו, כי כולם - גבוה[2] מעל גבוה שומר:

ראשית כל הנקודות ומעלות כל הסולמות היא הניקודה הנקראת **חלם**[3], הניקודה הזאת היא ניקודה פשוטה יסודית קודש קודשים, והיא היושבת בראש סוד המעלות:

והנני מבאר. דע כי **יו"ד** היא הדקה הפנימית שבכל האותיות, כמו שכבר ידעת, והיא אות ראשונה של שם הוי"ה יתברך ויתעלה, ורומזת על סוד ספירת החכמה בעצם אמתתה, ורומזת על **הכת"ר** בקוצה, והנה החל"ם הוא המניע אות יו"ד, והיא למעלה ממנה, והוא סוד הקוץ לגמרי, ואם היו"ד קודש כאמרו - העשירי[4] יהיה קדש להוי"ה. נמצא החול"ם שעליה קודש הקודשים:

והנה החלם על היו"ד כמו הנשמה אצל הלב, ולא תמצא בכל כ"ב אותיות תנועת חלם אלא בשתי אותיות, שהם סוד העשריות אות יו"ד, ואות קו"ף, וסוד החלם הוא סוד רם ונשא, ומה שאמרו רז"ל - בא[5] וראה שאין מדתו כמידת בשר ודם, בשר ודם הוא למטה ומשאו למעלה הימנו, אבל הקדוש ברוך הוא אינו כן אלא הוא למעלה ומשאו למטה, שנאמר - כה[6] אמר רם ונשא כו'. וזהו סוד שנקרא **מקום**[7], כלומר שהוא מקום העולם, פירוש נושא את העולם, כמו המקום הנושא את היושב עליו, והנה השם יתברך הוא נושא את העולם אבל משאו הוא למטה ממנו, וזהו שאמרו

---

2 קהלת ה ז

3 כל האותיות עם חלם - **א ב ג ד ה ו ז** .....

4 ויקרא כז לב

5 ברכות מ א

6 ישעיהו נז טו

7 שמו של השם יתברך נקרא **מקום**, והוא יוצא מהכפלה של שמו יתברך, **י'** פעמים **י'** הוא גימטריא ק'. **ה'** פעמים **ה'** הוא גימטריא **כ"ה**. **ו'** פעמים **ו'** הוא גימטריא **ל"ו**. **ה'** פעמים **ה'** הם גימטריא **כ"ה**. הכל ביחד גימטריא - **מקו"ם**.

- ארון[8] נושא את נושאיו בעניין הירדן. וזה שכתוב - ויחר[9] אף אלה"ים בעזא ויכהו שם אלה"ים על השל. ועל דרך זה תמצא נקודת החלם נושא את אות היו"ד, והיו"ד היא קודש אצל כל האותיות:

ודע כי כמו שאין הגוף מתנועע מכל מניע, כך אין אחד מכל האותיות מתנועעות מבלי ניקודה, שלא תמצא אחת מכל האותיות מתנועעת אלא באחת מחמש נקודים שהם סובלים כל תנועת האותיות בסוד - **פִּתּוּחֵי חֹתָם**, והוא סוד כל הניקוד:

ודע כי כל יסוד שבעולם נקרא אבן אחת, ושתי אבנים נקראים בניין, כמו שאמר בספר יצירה - אבן אחת יסוד שתים בניין, אבל יש יסודות שהם למעלה מן הבניין, יש יסודות באמצע הבניין, ויש יסודות שהם למטה מבניינם, והכל בדוגמת העולמות, העולם העליון הנקרא עולם המלאכים יסודם למעלה, בסוד רם ונשא שאמרנו לעיל, וזהו סדר השתוקקות המלאכים להשיג סוד השם יתברך, ולהשיג השפע והאצילות מאתו יתברך, וזהו סוד החלם למעלה והאות שמניע הוא למטה הימנו. ולפי דרך זה התבונן סוד עניין החלם על שימוש לשון הקודש, ולא תמצאהו מתפעל בשום צד ועניין ולא מתהפך, אבל תמצאהו בסדר תכונת שמות העצם לכל דבר שיש לו שם, כגון **או"ר יו"ם טו"ב**, ושאר כל השמות, ותמצאהו בדרך הפעולה והממשלה, כגון פועל, אומר, יושב, עושה, או פעול, אמור, חשוב, וכיוצא בזה, ואם תמצאהו בעניין מתבונן מתקומם מתפועל מתגולל, אל תחשוב שהוא מתפעלים, כי בסלקך שתי אותיות ראשונות, שהם מתפעלות תמצאהו יושב על ממשלתו, סוף דבר אין לך ניקודה בכל הנקודות למעלה מנקודת החול"ם:

---

[8] סוטה לה א

[9] שמואל-ב ו ז

ואל תתפתה בדעתך לסכלות מי שכותב מאלו המתפתים מדעתם למצוא דבר חפץ בזולת דברים הללו, וכן אם תמצא שאר עניינים שתעלה בדעתך שהם קושיא אצל דברי, אינו כן, אם תבין הדברים על צד האמת תמצא דברי כולם נכוחין למבין וישרים למוצאי דעת. ודע כי נקודת חלם היא נשמה לנשמות, רמז על **הכת"ר**, וכן נקודת **חל"ם** שלש אותיותיה הם סוד כל הדבור, בסוד סדר צאתו על תכונת הבריאה, כי אות חי"ת תחילת אותיות הגרון, למ"ד אותיות הלשון באמצע, מ"ם אותיות השפתים בסוף, שהוא כולל ראש וסוף לכל הלשונות, ולפיכך נקרא מלא פום [מלאפו"ם]:

הנקודה השנית היסודית למטה מנקודת חלם, היא נקודת שורק, וגם היא ניקודה פשוטה דקה יחידאה, אבל איננה במעלת החלם, לפי שהחלם יחידאה והיא למעלה מן האות, ונקודת השורק היא באמצע האות, כמו שיש ניקודה למעלה הימנה והיא החלם, ודע כי נקודת השורק לעולם היא אות וא"ו, והיא באמצע האות כזה וּ כעניין אמרו שמרו עשו, וכן כל כיוצא בה, והיא סוד בריאת עולם הגלגלים, השמים וצבאותם:

ודע כי כל גלגל יסודו באמצעיות, שלא תמצא גלגל בלא ניקודה אמצעית שהיא תחילת בריאת הגלגל, וזו היא עדות ברורה כי הגלגלים יש להם מניע חוצה להם למעלה מהם מצד תכונת יסודותם, כי יסוד כל גלגל באמצעיות, ובהכרח יש ניקודה למעלה מן האמצע שממנה יבא שפע לאמצעיות, ואין לך כל גלגל מסובב שיחזור בחלילה אלא על הניקודה האמצעית:

והנה סובב כל הגלגלים ונקודתם סובבים תמיד, להשיג רם ונשא המושל על כולם, ומתוך כך כל הפעולות נמצאות בעולמות, ובאמצעות סיבוב הגלגל הצורות והזמנים

נמצאים בעולם התחתון, שאלמלא כן אין צורה מתחדשת ולא מתקיימת בעולם השפל, נמצאת למד כי בהשתוקקות ניקודה האמצעית שבעין הגלגלים, להשיג הניקודה העליונה שעליהם הם מתקיימים בעולם השפל, שהוא סוד הניקודה התחתונה כמו שנבאר בעזרת השם:

ועתה דע והתבונן, כי הניקודה הנקראת שורק היא סוד קשר התחתונים בעליונים, והיא העולה למעלה ויורדת למטה סביב סביב הולך הרוח, ובסדר תנועת השורק יתקיימו כל הפעלים למיניהם ויבא להם שפע הבריאה, מאת הבורא יתברך ויתעלה, וזהו סוד תכונת השמים והכוכבים והמזלות, שכולם מתנועעים בסוד נקודת השורק, ובאמצעות תנועתם להשיג שפע השם יתברך משפיעים בארץ כל הכוחות למיניהם, וזהו סוד - ויתן[10] אותם אלה"ים ברקיע השמים. וזהו - שאו[11] מרום עיניכם וראו מי ברא אלה. שאו מרום בוודאי, שהוא סוד נקודת החלם - המוציא[12] במספר צבאם כו'. תתבונן בינה גדולה במקום זה:

ודע כי כמו שהשמים הם באמצע בין עולם העליון ובין עולם השפל, כך יסודם באמציעתא כמו שבארנו, העולם העליון יסודו למעלה הימנו, ועולם האמצעי יסודו באמצעיתו, והעולם התחתון בתחתיתו, ואחר שידעת זה, דע, כי השורק שהיא ניקודה יחידאה באמצע אות **ו** ממש שהוא סוד קו האמצעי, והיא עולה למעלה ויורדת למטה, מקבלת שפע מן **הכת"ר** ומשפעת **למלכו"ת**, בלי ריבוי ופרוד, אלא אחדות ממש בוודאי:

ועתה יש לנו לעורר מה טעם השורק פעמים בניקודה יחידאה באות **ו** ופעמים שלוש נקודות זו על גב זו, כי זו

[10] בראשית א יז
[11] ישעיהו מ כו
[12] ישעיהו מ כו

היא עדות ברורה על מה שביארנו, כבר הודענוך כי נקודת השורק היא באמצע, ויש ניקודה למטה, וכשהיא עומדת באות היא ניקודה יחידאה באמצע הוא"ו, והרי אות וא"ו היא רמז מעלה ומטה ואמצע, וכשאינה עומדת עם וא"ו היא שלוש נקודות זו על גב זו, להודיע שיש ניקודה למעלה הימנה והיא חלם, ולמטה ממנה והיא חירק, ולפי שהחירק לעולם משתוקק ומתאווה להדבק בשורק, תמצא השורק באות וא"ו שהיא סוד החבור והדיבוק האמתי, וסוד היחוד השלם:

הנקודה השלישית היסודית הוא סוד הניקודה, ונקראת **חיריק**, והוא סוד עולם התחתון הנקרא ארץ, וכמו שלא תמצא בניין שאין יסודו למטה הימנו, כך לא תמצא נקודת חיריק אלא למטה מן האות שהיא מניעה, וכמו שעולם הארץ הוא עולם השפל כך יסודו למטה הימנו, כמו שכבר ביארנו למעלה, נמצאת למד כי לפי שמות העולמות כך יסודיותם לפי שמותם, העולם העליון סודו למעלה הימנו, העולם האמצעי יסודו באמצעיות, העולם השפל יסודו למטה הימנו. וזהו דרך שלשת נקודות יחידות **חל"ם שור"ק חירק**, שלשתם עדות על סדר העולמות והמעלות, וכן הם מיוסדים באותיות, למעלה ולמטה ובאמצע:

ואחר שהודענוך זה העיקר הגדול בתכונת המעלות והעולמות צריכין אנו להודיעך עיקרים גדולים פנימיים. דע, כי **החל"ם והשור"ק והחיר"ק** שלשתם הם סוד **אהי"ה הוי"ה אדנ"י**, בסוד כתר למעלה תפארת באמצע, יסוד אדנ"י למטה, והנה הכתר הוא סוד החלם, והתפארת הוא סוד השורק הוא באמצע, בסוד וא"ו עולה ומתאחז בכתר ויורד ומתאחז במלכות ע"י יסוד, והנה כל הגאולה היא תלויה בשורק שהוא סוד קו האמצעי המתאחז במלכות, והמלכות מתאחז בישראל, ועל ידי הקו האמצעי שהוא התקווה יש לישראל, תקוה לחזור למקומם, וכן הוא

אומר - ויש[13] תקוה לאחריתך נאם הוי"ה ושבו בנים לגבולם. על ידי הקו האמצעי שהיא התקווה הנאחזת במלכות שהיא השכינה, ונקראת אחרית, והשכינה נאחזת לישראל לחזור לגבולה, כאומרו ויש תקוה לאחריתך נאם ה' ושבו בנים לגבולם, ובדרך זה כתיב - אשרקה[14] ואקבצם כי פדיתים. כי בהיות השורק שרוי במלכות אזי יתקבצו נדחי ישראל, וכל זה בהיותו שוכן מלמעלה, אבל בשעת החרבן כשנפרד השורק מן החירק, ונחרב הבית, וגלו ישראל, מה כתיב באומות - שרקו[15] ויחרקו שן אמרו בלענו. כלומר כבר נפרד השורק מן החירק, אך זה היום שקוינהו מצאנו ראינו, כי בתחילה לא האמינו מלכי ארץ וכל יושבי תבל כי יבא צר ואויב בשערי ירושלים, ועתה דע והתבונן כי כל החיים וכל הטוב תלויים בחלם, וכן הוא אומר - ותחלמיני[16] ותחייני:

ודע כי אלמלא שמתערב עם החלומות ערבוב הסיגים הגופניים כמה היו גדולים לבני אדם, כי שם חלום הוא רמז כשאחד מבני העולם משיג יותר ממה שהחומר משיג, וזהו עניין החלומות, ולפיכך חלום של נבואה מתבודד אף על פי שיש בו קצת משלים, ושאר חלומות אלמלא התבן והסיג המעורב עמהם דבר גדול היו, וזהו שאמרו רז"ל - כשם[17] שאי אפשר בר בלא תבן כך אי אפשר חלום בלא דברים בטלים. הודיענו שאלמלא הדברים הבטלים המתערבים עם החלום ואפילו חלום הדיוט אחד מששים בנבואה, וקורין לאדם שהוא משיג יותר ממה שהגוף משיג חלום, כמו ופרעה חלם והנה עומד על היאור, מה שאמר לו יוסף - את[18] אשר האלה"ים עושה הראה את פרעה.

---

13 ירמיהו לא טז

14 זכריה י ח

15 איכה ב טז

16 על פי ישעיהו לח טז

17 ברכות נה א

18 בראשית מא כח

התבונן בדקות הדברים שאני אומר, ותמצא כי שם חלם הוא רמז על השגת בני אדם בעולם השפל, כשהם עולים להשיג מעלה גדולה יותר ממה שהגופים משיגים, ואם אין החלומות שלמים אין חסרונם אלא לרוב ערבוב יהיה גודל חסרון בחלום, וזה שאמר - הנביא[19] אשר אתו חלום יספר חלום ואשר דברי אתו ידבר דבר אמת מה לתבן את הבר נאם הוי"ה. ופירוש הפסוק כך הוא, הנביא שרואה לפעמים חלום ולא נתכוון לנבואה, ואין אותו החלום במראה הנבואה יספר חלום, יאמר כי הוא חלום בעלמא ואין אותו החלום, אפשר שאין עמו דברים בטלים, אמנם הנביא אשר אתו דברי אף על פי שהוא בחלום כלו אמת, שאין דבר הנביא כוזב אפילו ניקודה, ולפיכך אמר בסוף מה לתבן את הבר נאם הוי"ה, כשם שאי אפשר לבר בלא תבן, כך אי אפשר לחלום שאינו של נבואה בלא דברים בטלים, והבן זה מאד. ומה שאמרו זיכרונם לברכה - דברי[20] חלומות לא מעלין ולא מורידין. לא אמרו דבר זה אלא להוציא ממון בדין על ידי חלום, ועל אותו עניין אמרוהו, אבל החלום לשאר הדברים חוששין עליו, והלא הינך רואה כמה הוא חומר השבת, וכמה אנו חייבים להתענג בו, באומרו - וקראת[21] לשבת עונג. ואם כן מה טעם אמרו זיכרונם לברכה - שמתענים[22] בשבת בתענית חלום. אלו לא היה בו עקר גדול, אלא שאי אפשר לחלום שיהיה כלו אמת כמו שביארנו, אבל קצתו בהכרח יש בו אמת, כמו שאמרו זיכרונם לברכה בפרק הרואה - לא[23] חלמא טבא מתקיים כולו ולא חלמא בישא מתקיים כלו. ואמרו - חלמא[24] בישא קשה מנגדא. שנאמר - והאלהי"ם[25] עשה שיראו מלפניו:

---

19 ירמיהו כג כח

20 סנהדרין ל א

21 ישעיהו נח יג

22 שבת יא א

23 ברכות נה א

24 ברכות נה א

25 קהלת ג יד

נמצאת למד מכל הדברים, כי בהיות האדם השפל משיג יותר ממה שחומר שלו משיג, קורין לאותה השגה חלום, מלשון **חל"ם**, כי נקודת חלם מתנוצצים ממנה אלף אלפי אלפים רבבות של מאורות, וזכה זה להתגלות לו קצת מכמה מאורות המתנוצצים מנקודת חלם, ולפי כח המאור המתנוצץ באותו הרואה החלום מאצילות נקודת חל"ם, כך יהיה חלומו אמיתי, אם תתנוצץ בו מעט יהיה מיעוט חלומו קיים, ואם רב יהיה רוב חלומו קיים, סוף דבר כפי ההתנוצצות כך יהיה שיעור החלום קיים:

והיודע סודות סתרים הללו הגנוזים בעניין חל"ם, ידע סוד השגת החלומות, וידע כי בשעה שאדם ישן נפשו של אדם אומרת לכרוב, והכרוב למלאך, ועתה התבונן מאד ותראה סוד מעלת החלם על שאר הנקודות:

כבר הודענוך במקומות הללו סוד החלומות, והיאך הם תלויים בחלם, שהוא סוד הניקודה העליונה, וכפי השפע היורד ממנה יבואו ההשגות למיניהם בין של נבואה בין של שאר הדברים. והודענוך סוד תכונת שלושת העולמות והיסודות שלהם, על סדר תכונת חלם שורק חירק, והודענוך סוד השורק שהוא פעמים באחד פעמים בשלוש, והטעם כי הכל כפי תנועתם והיא באמצע, והודענוך כי שלשת הנקודות הללו הם סוד הכת"ר והתפאר"ת והמלכו"ת, ואם תזכה עוד תבין רמזים שכתבנו למעלה, סוד הנפש נאחז ברוח, והרוח בנשמה. ודרך השגת החלומות ושאר ההשגות, בין במראה הנבואה בין בשאר דרכים, ואחר שהודענוך אלו העיקרים על דרך היסוד העיקרי, יש לנו לחזור לשאר הנקודות שהם סוד הבניין בעזרת השם, אמן:

נקודות הבניין גם הם מורות על המרכבות למיניהם, וראש כל נקודות המעידות על כל המעלות הפשוטות, ועתה תן

ספר הניקוד וסוד החשמל

ליבך והתבונן. דע שאין לך בכל הנבראים עליונים ותחתונים דבר פשוט בלי הרכבה מלבד השם יתברך, שהוא הפשוט האחד הנקי שאין בו ריבוי כלל, אמנם כל שאר הנמצאים שבעולם אפי השכלים הנפרדים העליונים הנקראים מלאכים אין בהם אחד שיהיה פשוט בלי רבוי, ואף על פי שקראו להם הפילוסופים - למלאכים שכלים, נפרדים וצורות נפרדות, אף על פי שהם נפרדו מחומר כחומר שלנו, חומר פנימי פשוט דק שכלי עלוני פשוט יש להם, אין לו דמיון לחומר שלנו אבל מאיזה מין חומר פשוט פנימי עד מאד יש להם, ודבר זה מפורש בכמה מקומות בגמרא, **מיכא"ל מים גברא"ל אש**, והמקרא מכריז ואומר - עושה[26] מלאכיו רוחות משרתיו אש לוהט. ואל יעלה בדעתך מה שפירש רבינו משה והדומים לו שאמר על ידי השליחות שהשם עושה על ידי היסודות ונקראים היסודות, גם כן מלאכים, ואם באמת כי כל עושה שליחות מכל הדברים שבעולם עליונים ותחתונים, נקרא מלאך בעת שליחותו, אפילו הנחשים והעקרבים והחולדות וכיוצא בהם, אין כוונתינו במקום זולתי לומר בוודאי, כי כל המלאכים העליונים הם מיוסדים מחומר עליון שכלי דק פנימי, אינו ממין חומר שלנו:

והנה המלאכים נבראים כמונו ובעלי בניין, אבל לא כבניין שלנו, אלא הבניין שלהם בניין פשוט לא בניין מורכב. וצריך אתה לדעת כי שלשה מיני בניין הם, יש בניין פשוט, ויש בניין מורכב, ויש בניין עגול. הבניין הפשוט הוא קרוב להיות כלו יסוד, לפי שהוא בניין מן הצד נקרא בניין לערך הצד, ונקרא כלו יסוד לערך הגובה, כיצד כשאתה מסדר שתי אבנים זו בצד זו בשווה כצורה זו הם הרי אלו שתי האבנים אינם בניין, שאינן זו על גב זו, אלא שתיהן יסוד, וכשיבואו עליהם אחרים על גביהם נקראות בניין, וגם אינן נקראות יסוד אמיתי אלא

---

[26] תהלים קד ד

ספר הَנִّיקוד וסוד הَוֹשֵׁבֵל

כשתשים שתי אבנים זו על גב זו כצורה זו נקראות בניין אמיתי, ואחר שידעת זה דע כי כמו שהחלם הוא היסוד האמתי העליון יסוד כל היסודות ונשמת כל הנשמות, והוא למעלה ובנינו למטה הימנו, כך הבניין שהוא ממין החלם שהוא הניקוד הנקרא צרי שהוא בניין פשוט כצורה זו וזהו סוד בניין המלאכים:

והנה החלם והצרי עיקר כל ניקוד הבניין, זה באחד וזה בשתים, והסוד הגדול [יו"י יו"ד ה"א וא"ו ה"א] חלם צרי [יו"ד ה"א], ודע כי הכתר העליון יתברך הוא כדמיון החל"ם, ושתי הספירות למטה מן הכתר בשווה חכמה ובינה הן כדמיון הצרי, וחלילה חלילה להיות שם בניין ולא חבור ולא פרוד, אלא ייחוד אמיתי שלם, אמנם כל ניקודה וניקודה משתי נקודות הצרי הוא רמז לסוד הספירות השתים הנאחזות בכתר בסוד חכמה ובינה, וכשאתה מסדר סוד הוי"ה יתברך, ויתעלה מסוד ניקוד קריאת שתי אותיות הללו על דרך שמותם, תמצא עצם האותיות מורה על עצם הספירות הללו, ועצם הניקוד מורה על סוד ענייניהם ופנימיותם בסוד חלם למעלה חכמה ובינה למטה:

והנה האותיות והניקוד מורות כמה צורות עליונות, וכמה מעלות טובות, והנה כל הנכנס לסוד סתרים הללו, יראה כמה חדרים גדולים תלויים בשערה, ויראה דברים שהם כבשונו של עולם מסורים בידיו, ועתה התבונן עיקר מה שביארנו לך בסוד שלשת הספירות העליונות בשערי צדק ותראה סודות פנימיות גלויים לך בניקוד, והנה החלם והצרי שתיהן סוד מעלת כל הנקודות, והם מורות על סוד תכונת עולם המלאכים שהם בניין פשוט, והיותם משתוקקים ליסוד העליון שהוא למעלה מהן, בסוד מתנשאים לעומתם ומשבחין ואומרין, בסוד - רם[27] ונשא:

---

[27] ישעיהו נז טו

16

ודע כי יסוד האש העולה למעלה, הוא מחובר על יסוד החלם והצרי, והמגיע לדעת עניין זה, ידע סוד אור וסוד אש, והנה האור ההוא בהיות בו אש מאירה, וכשאינה מאירה נקרא אש ונקראת חשך, ויבדל[28] אלה"ים בין האור ובין החשך. אחר שנאמר - וחשך[29] על פני תהום. וכשנאמר - ורוח[30] אלה"ים מרחפת. אזי - ויאמר[31] אלה"ים יהי אור ויהי אור. בוודאי, ואחר שידעת זה התבונן בכל מקום שאתה מוצא בכל לשון הקדש ניקוד צרי שהוא מתנהג לאט, והוא סוד עולם המלאכים, הוא הולך לאט בנחת, אינו מתאחז עם השב"א לשאר הנקודים המתחברים, לפי שהצרי הוא השכל הנפרד, אין חומר ממהרו ולא מעכבו מאמתתו, לפי שלא תמצא ניקוד צר"י נאחז עם שב"א, ועדין תשיג בעזרת השם יתברך, בהגיעך לסוד ניקוד שב"א, ותדע כי כמו שאין האש והמים מתחברים אלא על ידי הרוח הרוחפת, כך אין הצר"י והשב"א מתחברים באות אחד ביחד אלא בניקוד סגו"ל, שהוא מתווך בינתיים, וכמו שאין הנפש והנשמה מתחברים אלא על ידי הרוח האמצעי, וזהו סוד - וחשך[32] על פני תהום ורוח אלה"ים מרחפת על פני המים. מה כתיב בתריה - ויאמר[33] אלה"ים יהי אור:

ואחר שידעת זה, התבונן בכל מקום שתמצא בלשון הקדש ניקוד צר"י שהוא סוד הצורה והיצירה, וממנו נאצלות עליונות ותחתונות למיניהם, ואז יש צורות תחתונות וצורות עליונות, בתחתונות כתיב - ויצר[34] הוי"ה אלהי"ם מן האדמה כל חית השדה. בעליונות כתיב - ויצר[35] הוי"ה

---

[28] בראשית א ד
[29] בראשית א ב
[30] בראשית א ב
[31] בראשית א ג
[32] בראשית א ב
[33] בראשית א ג
[34] בראשית ב יט
[35] בראשית ב יט

אלה"ים עפר מן האדמה. ואם כן הרי לך מבואר סוד החל"ם והצר"י, שזה כדמיון יסוד וזה בסוד בניין אצלו, ואם במרכבות הנבראות מורה הצר"י סוד הבניין, הנה בסוד עשר ספירות מורה הציר"י סוד שתי ספירות הסמוכות לכתר, שהם חכמה בינה:

ועתה התבונן בעיקרים הללו, כי מתוכן תוכל להיכנס לכמה חדרים פנימיים שנסגרו עליהם השערים, ותמצא שערי עולם פתוחים לפניך, ותבין דרך אותיות התורה התמימה וסוד הניקוד הנערך לה, ותדע ותשכיל מן מוצא דבר ותראה מעלות לשון התורה ועמק סתריה באותיות ובניקוד:

הניקוד השני מנקודות הבניין הוא סוד הנקרא סגול, והוא סדר שלש נקודות, שתים למעלה ואחת למטה, ושלשתם כדמיון עגולה בעלת שלש שטחין, אורך ורוחב ועומק, שאלו השלוש לשונות כוללות כל השטחים והעגולות למיניהם, וכבר הודענוך למעלה כי השורק היא סוד תכונת עולם הגלגלים, ואמרנו כי כמו שהשורק הוא באמצע אות כך כל גלגל יסוד באמצעיות, ועתה יש לנו להתבונן שאין לך כל גלגל שאין בו שלושה שטחים מתפשטים לשש קצוות, האחד אורך ושכנגדו קוצר, השני עומק וכשנגדו גובה, השלישי רוחב וכשנגדו צר, ואלו הן שש קצוות העולם - מעלה, ומטה, מזרח, מערב, צפון, ודרום. כולם נכללים בשלושה שטחים, כשאתה מעריך אותם בשלשה שטחים תמצאם בסוד שורק ניקודה אמצעית לכל גלגל, ותמצא סגול שהוא בניין השורק, שלוש נקודות עגולות כצורת שלוש קוים שהם בכל גבול ניקודה אמצעית ושתי מחלקות העגולה באמצע הניקודה, והנה הסגול היא מורה [בלי] בניין, כל גלגל שהוא משולש ויש בו שלושה שטחים שהם ששה קצות - מעלה, מטה, מזרח, מערב, צפון, דרום. ובדרך זה תמצא אות וא"ו כוללת בצורת אותיות שם הוי"ה

יתברך שכוללת אות וא"ו, ששה שמות - גדולה, גבורה, תפארת, נצח, הוד, יסוד. כמה עמקים כללים בסדר זה, והנה נמצאת למד כי נקודת סגול היא סוד בניין כל הגלגלים, שאין גלגל שאין בו שלשה קוים, וכל גלגל נחלק לשלשה, נמצאת למד מאלו הדרכים שביארנו סוד נקודת סגו"ל מבוארת לפניך, כי היא בניין הניקודה הנקראת שורק, וזה יסוד וזה בניין:

הניקוד השלישי מנקודות הבניין הוא הניקוד הנקרא שב"א, והוא הניקוד המורה על בניין עולם השפלים הנקרא ארץ, מרכבו הווים ונפסדים, ומתגלגלים בארבע יסודות, והנה המורכבים בארבע יסודות : חוזרים ומתהפכים, ואין להם קיום תמידי כקיום השמים והכוכבים שהם קיימים תמיד, ושלמטה הווים ונפסדים, ודוגמתם ניקוד שב"א מהם שתי נקודות זו על גב זו כצורה זו ואין להם קיום [מצד ה]תמיד אלא לפי שעה, כדוגמת כסא של רגל אחד שאינה מתקיימת בעמידה, וכן הוא קיום צאצאי הארץ, וכמו שניקוד שב"א, אינו יכול לעמוד בפני עצמו אם לא יתחבר לאחד משאר הנקודים, כך הנמצאים למטה בעולם השפל אינן יכולין להתקיים אפילו שעה אחת אם לא יסמכום ויקיימום הכחות העליונים שהם בעולם השפל, ושמור זה העיקר הגדול שהוא יסוד ומשען לכמה חכמות פנימיות, ועל זה נאמר הידעת חוקות שמים אם תשים משטרו בארץ, לשון שוטר ומושל, ולפיכך לא תמצא בכל התורה כולה מילה אחד בפני עצמה בנקודת שב"א, כגון אם את כי כל ניקוד וניקוד יש לו תיבה מיוחדת בפני עצמה, אבל ניקוד שב"א לעולם לא תמצאהו אלא מחובר לאחד משאר הנקודים, כגון - בני שמי, שמע סלח, אבל לא תמצאהו בתיבה בפני עצמה, כדמיון כל הנבראים בארץ שאין להם קיום ולא העמדה אלא על ידי הגלגלים והכוכבים או על ידי הכוחות העליונים [השפלים ובכל הנסים והנפלאות]. ואחר שביארנו לך העיקר הגדול הזה,

התבונן כי השב"א לעולם עני כדמיון הסומך על שולחן אחרים, שאין לו שלחן ולא בית מיוחד, ועליו נאמר - תפלה[36] לעני כי יעטוף, וחייו תלויין בזולתו, ועל זה נאמר - והיו[37] חייך תלויים לך מנגד:

ועתה פקח עינך וראה בפלאות, אחר שהודענוך הדבר במרכבות התחתונים, יש לנו להודיעך סתומות ונעלמות. דע כי כמו שהחול"ם הוא רגל החכמה והבינה, בסוד הכתר והחכמה והבינה וסוד [יסוד] חול"ם וצר"י, כך סוד השור"ק והסגו"ל סוד גדולה גבורה תפארת, אף על פי שהוא כולל סוד כתר תפארת ׃ מלכות מצד שלושה נקודות זו על גב זו, וגם הסגו"ל כולל נה"י, אמנם החירק והשב"א הם סוד יסוד מלכות, המלכות הוא סוד החיר"ק בפני עצמו למטה מעשר ספירות, והשב"א היסוד יסוד ומלכות שני נקודות זו על גב זו כצורה זו ואלמלא יסוד סומך למלכות בסוד נצח הוד, שהם סוד צר"י וסוד סגו"ל, ועל ידי יסוד מתקשרת המלכות בשאר הספירות, כמעט נפלה בסוד שב"א, וזהו סוד - אקים[38] את סוכת דוד הנופלת. סומך[39] הוי"ה לכל הנופלים:

המבין עיקרים הללו יכנס לכמה חדרים בסוד שב"א, והמבין סוד שב"א הוא סוד צווי לקיום הדבר, וכן הפסוק אומר שב"ה עמדי, ומטעם זה הוא סוד הגליות והנפילה - נפלה[40] עטרת ראשינו. וכתיב - קומי[41] אורי כי בא אורך. ואלמלא אור הלבנה נחשבת שאין לה מאור מעצמה, הבן זה מאד. ולפיכך נקרא יבשה שאין המים העליונים

---

36 תהלים קב א
37 דברים כח סו
38 עמוס ט יא
39 תהלים קמה יד
40 איכה ה טז
41 ישעיהו ס א

ספר הַנִּיקוּד וסוד הזוֹשֹׁמֵל

נשפעים, וכן הוא אומר - ותראה[42] היבש"ה. יבש חציר
יבשו נאות מדבר, ועל דרך זה לעולם מידת המלכות תלויה
במעשה התחתונים להריק לה מים עליונים, או לשבר לה
הצינורות, ועל דרך זה ראוי לה להיותה נסמכת, סמכוני[43]
באשישות רפדוני בתפוחים וגו'. ומטעם זה ראוי לסמוך
גאולה לתפלה, כי המלכות צריכה סמיכה, וסמיכה שלה
גאולה, וכך אמרו זיכרונם לברכה - תכף[44] לגאולה תפלה,
וכבר ידעת כי גאולה ותפלה הם יסוד ומלכות, וכן הוא
אומר - סומך[45] הוי"ה לכל הנופלים. וכתיב - אקים[46] את
סוכת דוד הנופלת. וכתיב - אלה[47] תולדות פרץ. וכתיב -
ויהי[48] כמשיב ידו. וכתיב - מה[49] פרצת עליך פרץ, וכתיב -
ואחר[50] יצא אחיו אשר על ידו השני ויקרא שמו זרח.
ויזרח[51] לו השמש. והלכו[52] גוים לאורך ומלכים לנוגה
זרחך. וכתיב - מי[53] העיר ממזרח צדק. וכתיב - ממזרח
אביא[54] זרעך וממערב אקבצך. אלו הסתרים הגנוזים כולם
סתורים וגנוזים בניקוד שב"א, שהוא סוד המלכות
שצריכה סמיכה, שאם אין סמיכה לשב"א אינו עומד
מאליו, אם לא יהיה סמוך לניקוד אחד משאר הנקודים,
ושמור זה העיקר הגדול: [55]

והמבין זה הסוד יבין בעניין - אלהי"ם[56] משפטיך למלך תן

---

[42] בראשית א ט
[43] שיר השירים ב ה
[44] ירושלמי ברכות דף ו א פ"א א
[45] תהלים קמה יד
[46] עמוס ט יא
[47] רות ד יח
[48] בראשית לח כט
[49] בראשית לח כט
[50] בראשית לח ל
[51] בראשית לב לב
[52] ישעיהו ס ג
[53] ישעיהו מא ב
[54] ישעיהו מג ה
[55] ישעיהו מג ה
[56] תהלים עב א

וצדקתך לבן מלך. כתיב באותו מזמור - ויחי[57] ויתן לו מזהב שב"א וגו'. מזהב שב"א ולא משאר זהב, ותחיי בוודאי, ותחי[58] רוח יעקב אביהם. כי כשייתן לו מזהב, זה בשב"א [שבא], אזי תתחבר לה ספירה הנקראת חיים, **ושמור אלו העיקרים הגדולים הכלולים שבניקוד**, ותראה כל העולמות כלולים כולם מיוסדים על סוד הניקוד, הנה הודעתיך טעם הסמיכה גאולה לתפלה, וטעם - סומך[59] הוי"ה לכל הנופלים וזוקף לכל הכפופים. וטעם היות השב"א סוד בניין עולם השפל, וסוד הרכבה שלהם שאינה מתקיימת בלי סמיכה עליונים, ומתוכה הודענוך על דרך הפנימי סוד ניקוד שב"א, שהוא סוד מלכות, וצריכה סמיכה, ושהוא סומך אותה, וכן הוא אומר - זכור[60] הוי"ה לבני אדום את יום ירושלים האומרים ערו ער"ו עד היסו"ד בה. שהייתה כוונתם לערער הבניין התחתון, כדי להפריד יסו"ד מן המלכות למעלה, ולא תתפתה בדעתך לומר סכלות, מנין היו יודעים בני אדום דברים הללו שיתכוונו להם, דע כי באותו הזמן מפורסמות היו כמה חכמות פנימיות, אפילו לאומות שבעונותינו עכשיו הם סתומות אפילו מישראל, ולא לחנם היו אומות העולם גוזרין שמידות על ישראל שלא לקיים המצות, אלא מטעם שהיו יודעין כי בעשייתן יצליחו ישראל ויגברו עליהם וינצחום, והבן זה מאד כי צורך גדול הוא:

ומתוך ניקוד שב"א וסמיכתו, תבין סוד הלבנה שאין לה מאור מעצמה, ושהיא נפרצת לעתים, וכל מאורה היא מן החמה, ואם תעיין בניקוד שב"א יתבאר לך הכל, והתבונן בו מאד כי צורך גדול הוא:

ואחר שהודענוך אלו השש מעלות בשלשה מיני הניקוד,

---

[57] תהלים עב טו
[58] בראשית מה כז
[59] תהלים קמה יד
[60] תהלים קלז ז

ספר הניקוד וסוד הזושבמל

בסוד שלש נקודות יסודיות המורות על יסוד שלש עולמות, שהם עולם המלאכים, ועולם הגלגלים, ועולם השפל, בסוד חל"ם שור"ק חיר"ק. והודענוך כיצד הם רומזות על סוד הכתר והתפארת והמלכות, וכמו כן הודענוך סוד צר"י ושב"א שהם גם כן מורות על סוד בניין שלשה עולמות שהם עולם המלאכים, עולם הגלגלים, עולם השפל, והודענוך כיצד הם מורות על סוד תכונת הספירות, לא בצד בניין חלילה וחס, אלא סדר תכונתם וסוד יניקתם ודרך הצינורות הנמשכות על ידיהן אלו לאלו:

ועתה יש לנו לעורר על עיקר גדול בשתי נקודים הנשארים והוא סוד **קמ"ץ ופת"ח**, וסודם פותח ונועל, כי שני הנקודים הם מורים על פתיחת שערי צדק, ועל נעילת שערים, שזהו סוד פתח וקמ"ץ, ולפיכך תמצא סמוך לעולם שב"א לפת"ח, כאומרך אחרונים כעלות, וכיוצא בהם, אמנם כשהשב"א הוא סמוך לקמץ, כגון - אעלה[61] אחכם מעני מצרים. וכיוצא בהם, תמצאם שנקראו בהברתם קרוב להברת חלם, כלומר חזר גלגל המעלות להתאחז בכתר, כמו שאמרו - עשר[62] ספירות בלימה קשור [צ"ל - נעוץ] ראשן בסופן ואחריתן נעוץ בתחילתן. וזהו סוד הייחוד האמתי השלם יתברך שמו ויתברך זכרו, הרי לך מבואר סדר הנקודים כולם למיניהם, ולא נשאר בהם אחד שאינו מסודר לפניך, ותשיג מתוך מה שביארנו ותראה מה טעם ניקוד חלם לעולם למעלה ובנקודה אחת, וניקוד שורק מה טעם באמצעו ניקודה אחת, ונקודת חירק מה טעם למטה ובנקודה אחת, וכן מה טעם צרי בשתים ולמטה, ואינה מתערבת עם נקודת שבא, והולכת לאט, כמו כן מה טעם נקודת סגול בשלש נקודות והוא מתערב עם נקודת שבא שהוא בשתים נקודות זו על גב זו, ולעולם אינה עומדת בפני עצמה, ואין לה בית מיוחד, ואינה נסמכת אם

[61] שמות ג יז

[62] ספר יצירה א ז

ספר הַנִּיקוד וסוד הַזֹשֹבֹל

לא יסמכוה שאר נקודים, ומה טעם פתח וקמץ שתיהן מתחברות לשבא, והכל מבואר וגלוי, בין בתבונת העולמות למיניהם ביסודיותם ובניינם, בין ברמז סתרי המרכבה ומערכת הספירות. ואחר שביארנו לך עיקרים הללו נכנס לשאר סתרים היות כל הניקוד שלו למינו תלוי בארבע אותיות של שם המיוחד **הוי"ה** יתברך, ויתברך ונאמר אמן:

כבר הודענוך בספר הנקרא שערי צדק, כיצד כל התורה נארגת על שם הוי"ה יתברך, והוא הבורא את הכל והמפרנס לכל, ואין זולתו, והכל צריכין לו, והוא אינו צריך לזולתו. וביארנו לך כיצד כל שאר שמות הקודש והכינויים למיניהם כולם תלויים בשם המיוחד, והוא מתלבש בהם לפי עניין ממשלתו והוראת מלכותו, ולפיכך נקרא **תפארת** כמו שביארנו, והוספנו לך ביאור גדול במרכבת יחזקאל בעניין זה, ואחר שתעיין באותן מקומות היטב ויתבארו לך הדברים תעיין במקום זה במה שאנו נכנסין לבארו, ותראה כל העולמות וכל הנמצאים וכל הלשונות, וכל האותיות וכל הנקודים כולם תלויים בשם המיוחד שהוא שם הוי"ה:

כבר הודענוך כיצד כל המעלות וכל התנועות חתומות בשם זה, ואמרנו לך כי עשר אותיות ראשונות שהם - **א ב ג ד ה ו ז ח ט י** כשתערוך בהם עשר מעלות בסוד **א"ט ב"ח ג"ז ד"ו י"ה** תמצאם כל המעלות **י"ה**, ואם תתבונן היטב בסוד **א"ט ב"ח** תראה כל המעלות מושלות על כל מעלה ומעלה בהתרחקה מאת השם יתברך, בסוד כי גבוה מעל גבוה שומר, וכמו כן תמצא סדר התנועות שהם בסוד **י"ה י"א** בסוד אלו עשר אותיות בסדר זה, **א"י ב"ט ג"ח ד"ז ה"ו**, ותמצא חותם כל התנועות **ה"ו**, הרי לך סוד **הוי"ה** חותם הכל, ואחר שידעת זה ותתבונן בו עם שאר העיקרים הגדולים שבארנו לך למעלה, ובשאר החיבורים, יש לך

24

ספר הניקוד וסוד השמות

לפתוח עיניך בכל מה שאנו מסדרים לפניך עכשיו בשער זה, כי הוא שער גדול במה שיאירו עיניך ותראה ותצליח:

דע כי ארבע אותיות של שם המיוחד שהוא **הוי"ה** יתברך, עומדות הם במקום כל מיני הנקודים, והם מניעות כל האותיות שבעולם לכל צד תנועה שאי אפשר להם להתנועע, ונאמר, כבר ידעת שאין אות בעולם נקראת בלי אחד מחמש תנועות הנקראות **פתוח"י חות"ם**, ועתה התבונן כי אות ראשונה של שם שהיא אות יו"ד [ה"א] עומדת במקום שני נקודים, במקום חיריק, ובמקום צירי, [וסגול], כיצד כאלו תאמר - בני שמי עצמי אמרי, הרי העיקר הוא ש"ם ב"ן עצ"ם אמ"ר, והרי [אות] היו"ד במקום חיר"ק, וכמו כן באומרך [אמרי] שומרי עיקר המילה [אמר] שמר והנה [אות] היו"ד במקום ציר"י [או הסגו"ל]. וכן אות **ה"א** של שם המיוחד יתברך עומדת במקום פתח וקמץ, כאלו תאמר אמרה שמרה הרי אות **ה"א** במקום קמץ ובמקום פתח, כי עקר המלה אמר שמר. וכמו כן אותו **וא"ו** עומדת במקום חלם ובמקום שור"ק, באומרך שמו עצמו וצלמו הרי **הוא"ו** במקום חול"ם, כי עקר המילה שם עצם צלם, וכמו כן באומרך אמרו גברו עמדו הרי הוא במקום שורק, כי עקר המילה אמר גבר עמד. והרי לך מבואר מתוך דברים הללו כי שלשת האותיות **יה"ו** כוללות כל הנקודות שבעולם, אות **יו"ד** כוללת חיר"ק וצר"י וסגו"ל, אות **ה"א** כוללת קמ"ץ פת"ח, אות **וא"ו** כוללת חלם ושורק, אם כן לא נשאר ניקוד בעולם שאינו נכלל באלו שלוש אותיות של שם:

ואחר שהודענוך זה, דע, כי כלל האותיות בשעה שהם מניעות את שאר האותיות הם נבדלות מהם, ומשתנות מהם, כיצד באומרך **שמי** הרי עקר התיבה **שם**, וכשאתה אומר **שמי** אינך מזכיר שם אות **יו"ד**, אלא היא מניעה ונסתרת, וכן באמרך בני אמרי שמו [שמרו] אמרה אמרו

בכל אלו התנועות, ולא תמצא אומר אחת מאותיות השם בשעה שאתה מניע בהם האותיות, והרי הם מניעות את שאר האותיות ונסתרות בקריאתם, ועל זה נאמר - הנסתרות[63] להוי"ה אלה"ינו. יתברך ויתעלה זכרו, וכמו כן תמצאנה נבדלות מן האותיות שהם מניעות, שהרי אינם מתערבות עם שורש המלה שהם מניעות, באומרך שומרים הרי אות **וא"ו** ואות **יו"ד** שבמילת שומרים אינן נכללות בכל שורש המילה, ואינן נזכרות בשעת הקריאה, כי שורש המלה שמר:

נמצאת למד כי אותיות השם מניעות את שאר האותיות, והן נסתרות בקריאתם, ונבדלות מן השורש בשעה שהם מניעות, וכמו שהשם יתברך הוא מניע את כל העולם כלו, ואת כל חלקיו, והוא נסתר מן הכל, כך האותיות השם יתברך הוא מניע כל האותיות, ונסתרות ונבדלות מהם, ושמור זה העיקר הגדול שהודענוך, וממנו תכנס לכמה גנוזים שננעלו עליהם השערים, ותמצא שכל השלשה עולמות מתגלות לנו מתוך תכונת האותיות והניקוד, תכונת כל העולמות בתכונת האותיות הם תלויות, וזהו סדר כל הילוכיו וכל ענייניו:

וכבר ידעת מה שאמרו זיכרונם לברכה במסכת מנחות[64] - אלה[65] תולדות השמים והארץ בהבראם. ואמרו העולם הזה נברא **בה"א** והעולם הבא נברא **ביו"ד**. ואם זכית להיכנס במה שאמרו בספר יצירה בעניין - אמ"ש[66]. תמצא סוד א"ש רו"ח מי"ם תלויין על אלו האותיות **אמ"ש**, ותמצא בג"ד כפר"ת כנגד שבעה גלגלים של שבעה כוכבי לכת שהם שצ"ם חנכ"ל, ותמצא **הו"ז חט"י לנ"ס עצ"ק** כנגד גלגל של שנים עשר מזלות, והרי כל צורות העולמות

---

[63] דברים כט כח
[64] מנחות כט ב
[65] בראשית ב ד
[66] ספר יצירה ב ב

למיניהם תלויות בשלשה ובשבעה ובשתים עשרה, ובכאן נגמרת צורת **כ"ב** אותיות של אלפא ביתא, ונמצאו כל העולמות תלויים בכ"ב אותיות:

והמתבונן בסוד צרוף אלפ"א בית"א יתבונן סוד גלגל, כל הנבראים בעלותם ורדתם בסוד תכונת האותיות, והזוכה להבין זה יבין כמה סתרים וכמה מעלות שהם נסתרות מעין הבריות, ויבינו וידעו גדולת השם יתברך, וכיצד הכל נעשה מאמתת שמו הגדול, וכיצד - הכל תלוי בשמו והוא אינו צריך לזולתו, וזהו הדרך שנכנס בו אברהם אבינו ע"ה לדעת ולהשיג סוד היות השם יתברך, בורא העולם והוא זן ומפרנס לכל, והיה מלמד בני אדם לדעת אמיתתו יתברך, והיה מכריז ואומר - בשם[67] הוי"ה א"ל עולם. והוא סוד בריאת העולם. והנה במילת **א"ל** הוא תחילת האצילות ולפיכך אמר - א"ל עולם, וכשהתלבש במילת א"ל בחמשה מעלות הנכללות בעשר ספירות, בסוד - **אבג"ד הו"ז חט"י** בסוד - הן[68] להוי"ה אלה"יך השמים ושמי השמים הארץ וכל אשר בה. אזי יכנס האדם להתבונן כיצד המעלות נקראות **הי"ם** ויסוד הבניין נקרא **א"ל**, ובהתחבר א"ל עם הי"ם, הוא עיקר היסוד והמעלות נקרא[69] - **אלהי"ם**, וזהו הכינוי שנתחדש לשם יתברך בבריאת העולם ראשון ראשון, ולפיכך התחיל במעשה בראשית ואמר - בראשית[70] ברא אלה"ים. ואף על פי שהאלה"ים הוא ראשית, הכינוי יש בו תלויים הנבראים, בסוד - א"ל ובסוד - הי"ם, ואף על פי כן הוא תלוי בשם הוי"ה יתברך, כי השם יתברך הוא נשמה, וקיום לשם אלה"ים, הדא הוא דכתיב - ביום[71] עשות הוי"ה אלה"ים ארץ ושמים. וכתיב

---

[67] בראשית כא לג

[68] דברים י יד

[69] ר"ל - אותיות הי"ם ואותיות א"ל הם אותיות אלהי"ם.

[70] בראשית א א

[71] בראשית ב ד

- מי[72] שם פה לאדם או מי ישום אלם או חרש או פקח או עור הלא אנכי הוי"ה. יתברך ויתעלה, בהיות השם יתברך מסלק שם **י"ה** מכינוי הנקרא אלה"ים, אז יישאר מן אלה"ים אלם, וזהו סוד - כל[73] הנחלים הולכים אל הים והים איננו מלא. וכשידעת זה התבונן כי כל היצור והדבור יוצא בשם הוי"ה יתברך:

ואחר שהודענוך זה, דע כי בהיות השם מניע ונבדל ונסתר מכל הנבראים, כך שמו הגדול מורה אותנו כסדר תכונת לשון הקדש, שהוא סוד תכונת כל העולם ובריאתו. ואם תקשה ותאמר הלא אמרת כי שם הוי"ה יתברך מניע ונסתר, הרי כתיב - בני בני"ו, והרי אות יו"ד ואות וא"ו מאותיות השם אינם נסתרות, דע שאין העניין כן, שהרי היו"ד במקום זה אינה מניעה, כי היו"ד אינה מניעה אלא בניקוד חירק ובניקוד סגול וצרי, אבל בניקוד קמץ ופתח אינה מניעה ולפיכך היא נקראת, וכן הדין בעצמו בעניין בניו, וכשנאמר שהיא נסתרת ונעלמת בעוד שהיא מניעה התנועה הראויה לה, אבל בעוד שאינה מניעה הרי היא כשאר האותיות, כיצד הרי לך משל אותיות השם יתברך שהוא הוי"ה אסור למחקו כשהם כסדר, אבל אם כתב אדם והיה[74] אם שמוע וכו'. יכול למחוק **והי"ה** אף על פי שהם אותיות השם, והטעם לפי שאינן עומדות בסדר תכונת השם, וכן העניין בכל הדברים שבעולם צריך אדם לכוון בכל דבר ודבר כפי המקום וכפי הצורה שעומד בה, וכן הוא אומר - כי[75] שמע אלה"ים את קול הנער באשר הוא שם. וכן אמרו זיכרונם לברכה - אין[76] דנין לאדם אלא כפי מעשה של אותה שעה. ודע כי בפסוק זה גלה עניין גדול

[72] שמות ד יא
[73] קהלת א ז
[74] דברים יא יג
[75] בראשית כא יז
[76] ראש השנה טז ב

בדבר זה, בזה הפסוק הזכיר הנער והזכיר המקום שהיה בו, ולפיכך חס עליו מן השמים:

ודע כי כל התורה כולה על דרך זה נידונת, וכל הקושיות וכל ההויות שבגמרא, וכמו כן שים דעתך כי בכל מקום שתמצא בדבורינו בחבור זה אותיות, שהם מניעות ונסתרות ונבדלות כי הכוונה לומר שהם נסתרות ונבדלות שבמקום שהם מניעות, ושמור זה העיקר הגדול:

וצריכין אנו למסור בידך כלל גדול, דע כי כל האותיות כולן בהיותם מצטרפות אלו עם אלו, בתכונת תיבות הלשון, כולן לפעמים מתערבות אלו עם אלו, בין האותיות המניעות בין האותיות המתנועעות, וכולן נעשות במקומות הרבה שורש מלה, כעניין אומרך **ח"י**, כי במקום זה אות יו"ד שהיא מאותיות השם, נעשית שורש במילה איננה מניעה, וכן באומרך מהם כי אות **ה"א** במקום זה היא שורש המילה, כאומרך אמה"ר ימה"ר תמה"ר, כי אות **ה'** גם היא מן השורש, וכן אות **וא"ו** כי לפעמים היא שורש מלה, כאומרך קו"ה יקו"ה תקו"ה, ובדרך זה כל האותיות כלן:

אמנם יש לך להתבונן כי יש מקום לאותיות המניעות שהם עומדות במקומם, ומניעות ובאותו שעה הם מניעות ונסתרות ונבדלות, אבל בזמן שאינן מניעות, הרי הם מתערבות עם שאר האותיות, כמו שאמרנו לך בעניין הוי"ה יתברך, שהוא שם הקדוש שאינו נמחק, אבל בהיות אלו האותיות עומדות שלא במקומם, כמו שתאמר **והי"ה** הרי הם נמחקות, ושמור זה הכלל הגדול וממנו תכנס לכמה חדרים, לכל מיני חכמה, ותוכל להימלט מכמה קושיות, כי כלל גדול הוא:

ספר הניקוד וסוד החשמל

ספר הניקוד לרבי יוסף ג'יקטליא ז"ל - סוד החשמ"ל

ואחר שהודענוך הכללים הגדולים הללו, בהיות כל ניקוד תלוי בשם המיוחד יתברך, והיאך כל מיני הניקוד בהיותם מניעים נסתרות אותיות השם יתברך ונבדלות, צריכין אנו להודיעך כיצד מיני התנועות הן בשני דרכים, שבאלו שני הדרכים נמצאו כל תנועות שבעולם לכל מיני הנבראים למיניהם בעליונים ובתחתונים, וכשתבין זה אז תכנס לראות דברים נסתרים מתוך הנגלים. וקודם זה יש לנו לעוררך כי כל אותיות התורה הם כ"ב אותיות, נחלקות לשלשה עניינים -

האחד, האותיות המניעות תנועה עליונית שכלית, ונקראות אותיות חשמ"ל.

השני, אותיות המניעות תנועה גופנית, ונקראות אותיות חיו"ת.

השלישי, האותיות המתנועעות מכח מניעות אבל אינן מתנועעות מעצמן ולא מניעות אחרות חוצה להם, ונקראות אופנים:

האותיות הנקראות חשמ"ל הן ארבע אותיות של שם, שהם חשות וממללות, לפי שהם מניעות את שאר האותיות בניקוד, והם נסתרות ונבדלות ואינן נראות, ולפיכך נקראות **חשמ"ל** כלומר נסתרות וממללות. האותיות הנקראות חיו"ת הם הנקראות **שמ"י נא"ה לכתו"ב**, וקצת המדקדקים קראום **שמלאכת"ו בינ"ה**, ואלו הן האותיות שמניעות תנועה גופנית אבל לא תנועה שכלית, לפי שאינן מניעות לזולתן אם לא יתנועעו גם הם עמהם. האותיות הנקראות אופנים הם האותיות הנקראות **גז"ע צד"ק פר"ח ט"ס**, שאלו האותיות אינן מניעות לזולתן כלל, אמנם הם מתנועעות מכח האותיות הנקראות חשמ"ל ומכח האותיות הנקראות חיו"ת:

ואחר שהודענוך כל זה, דע, כי מרכבת יחזקאל נחלקת לשלושה השגות, ואר"א א', ואר"א ב', ואר"א ג'.
וארא ראשון לעניין חיות.
וארא שני לעניין אופנים.
וארא שלשי לעניין חשמ"ל.
וצריכין אנו להודיעך סדר האותיות בעניין זה בסוד המניעות תנועה שכלית או המניעות תנועה גופנית או המתנועעות ואינן מניעות, וכבר הודענוך בסדר המרכבות סוד החיו"ת, וסוד האופני"ם, וסוד החשמ"ל, וכשתבין סודם וסתרהם ומעלותם, ותקיש להם סדר מרכבות האותיות, אז תבין דברי חפץ, ותבין מרכבת האותיות מתוך שאר המרכבות שביארנו לך. ואחר שעוררנוך על אלו העיקרים הגדולים, יש לנו להודיעך ולעוררך סדר האותיות הנקראות חשמ"ל, או האותיות הנקראות חיו"ת אופני"ם, מה טעם נקראו באלו השמות המשונים אלו מאלו:

סדר האותיות הנקראות חשמ"ל, דע כי כמו שהחשמ"ל הוא סוד המלאכים העליונים, השומרים פתחי היכל השם יתברך, ויש חשמ"ל כמו שהודענוך, והחשמ"ל החיצון בודק ביורדי המרכבה, והוא המצרף והמבחן לכולם לפי רוב דקותו ומהירותו, והוא סדר ההשגחה השלישית העליונה שבמרכבת יחזקאל, כמו שכבר ביארו חז"ל במסכת חגיגה בפרק אין דורשין, וכמו שהחשמ"ל הוא סוד ההשגה הפנימית העליונה במעשה מרכבה, כך אותיות השם יתברך הוי"ה יתברך, הם סוד האותיות הפנימיות העליונות שבכל כ"ב אותיות, לפי שכל האותיות הן כלן גופניות וגשמיות ונגלות בקריאתם ואינן נעלמות, מלבד אותיות הוי"ה יתברך, שהם נסתרות בשעה שמנהיגות ומניעות, כאומרך - **אנ"י שמ"י אנכ"י** שהיו"ד נסתרת ונעלמת והיא מניעה, וכמו כן שמו עצמו בנו שאות **וא"ו** גם כן נסתרת והיא מניעה, אבל שאר כל האותיות לא

תמצא אות מניעה ונסתרת מלבד אלו, כי שאר האותיות נהגות ומפורסמות לעולם בעת קריאתם, כאומרך **למ"ד גמ"ר עב"ר** וכן שאר כל האותיות כלן, מלבד אותיות יה"ו [הוי"ה] יתברך, ועל זה אמר הכתוב - הנסתרות[77] להוי"ה אלהינ"ו כו'. והמניעות הם סוד שם הוי"ה אלהינ"ו, והנגלות שהם שאר אותיות שהם מפורסמות ונגלות בקריאתם הם לנו ולבנינו, כלומר לעוסקנו ולצרכינו, אבל אותיות הוי"ה יתברך, הן אותיות ההוי"ה אינן משתמשות בכל התורה כלה כשהם מחוברות בעניין הנגלה, אבל בעניין קיום ועמידה והוי"ה, ובכל האותיות המחוברות בתורה יש הפוך מלבד אותיות הוי"ה יתברך, שאינן משתנות בשום הפוך, כמו שכבר הודענוך בספר שערי צדק, אבל האותיות אפילו ראש כל הכינוין שהוא **א"ל** יש הפוך ושנוי, כאומרו - הם[78] קנאוני בלא אל. כחשו[79] בהוי"ה ויאמרו לא הוא. וכתיב - הם[80] קנאוני בלא אל ואני אקניאם בלא עם. מה כתיב בנחמות - במקום[81] אשר יאמר להם לא עמי אתם יאמר להם בני א"ל חי. במידה שנתגנו בה נשתבחו, וזהו - ובקשת[82] משם את הוי"ה אלה"יך ומצאת כי תדרשנו כו'. מה כתיב בתריה - כי[83] א"ל רחום הוי"ה אלה"יך כו'. ושמור זה העיקר הגדול בהפוך הזה, כי מילת **לא** תתחבר למילת ירפך, ואז המידה הטובה לא ירפך, לא שיאמר - לא[84] עמי אתם. ולא שיאמר - ואני[85] אקניאם בלא עם. ושמור אלו העיקרים הגדולים:

נמצאת למד, כי אותיות שם **הוי"ה** יתברך, הם אותיות

---

[77] דברים כט כח
[78] דברים לב כא
[79] ירמיהו ה יב
[80] דברים לב כא
[81] הושע ב א
[82] דברים ד כט
[83] דברים ד לא
[84] הושע ב א
[85] דברים לב כא

כולם מושכלות לא מורגשות, והם המורות עניין הקיום וההויה וכל ההויה שבעולם, וזהו סוד - ואתם[86] הדבקים בהוי"ה אלה"יכם חיים כלכם היום. כלומר אתם הדבקים באותיות ההוי"ה, הרי אתם קיימים לנצח נצחים, בסוד - אני[87] הוי"ה לא שניתי ואתם בני יעקב לא כליתם. ואם כן התבונן בהיות האותיות הוי"ה יתברך, נקראות חשמ"ל, שאינן מורגשות ולא גופניות לא מעט ולא הרבה, והן נסתרות בעת שמניעות בקריאתם, ואם תקשה ותאמר והרי אות **אל"ף** גם היא נסתרת כאומרו ברא קרא, דע שה**א'** נסתרת אינה מניעה ולא נבדלת משורש המלה, כי אל"ף אינה עומדת במקום תנועה ובמקום נקודה, ולפיכך תמצא מחוברת עם שורש המילה, כי קרא כל שלשת האותיות משורש המילה, מה שאין כן באותיות השם כאומרו קראו [נוצרים], כי קרא הוא השורש וה**וא"ו** תוספת היא על השורש, והיא מניעה ונסתרת ונבדלת, והוא סוד גדול בהיות אות אל"ף נסתרת ואינה נבדלת מן השורש ולא מניעה, להודיע מעלת האצילות הראשונה, שנאצלת מאת השם יתברך, שהיא נסתרת מצד הפנים העליונים [הדברים בשם] אבל היא נגלית מצד האחוריים, ולפיכך אות אל"ף בר"א קר"א נסתרת, אבל היא נגלית בשורש מחוברת וזהו סוד - ונשגב[88] הוי"ה לבדו ישתבח שמו:

ובכאן תראה סוד הנאצל בראשונה, מאמתת השם יתברך גודל מעלתו, אבל הודיע שאינו מניע מעצם אמיתתו לזולתו, אם לא יבא לו כח אצילות ותנועה משם הוי"ה יתברך, כי הוא לבדו סוד התנועה, והוא סוד שם אלה"ים - או[89] **מי** ישום **אלם** או חרש או פקח או עור הלא אנכי הוי"ה. התבונן עיקר גדול שנתבאר בסוד היות ארבע אותיות של שם הוי"ה יתברך, מניעות הכל ונסתרות מכל

---

86 דברים ד ד

87 מלאכי ג ו

88 ישעיהו ב יא

89 שמות ד יא

ונבדלות מן הכל וקרובות לכל יותר מכל קרוב, לפי שאין תנועה לאחד מן המתנועעים מבלי שם הוי"ה יתברך:

וכמו כן בעניין היות האל"ף שהיא ראשית כל האותיות, היא נסתרת בקריאתה, אף על פי שאינה מניעה לזולתה, והיא נכללת עם שאר האותיות, כשורש המילה בגדר אחד, כמו שביארנו בעניין ברא קרא, שאות אל"ף גם היא משורש המילה היא אף על פי שהיא נסתרת בקריאתה, להורות על המציאות הראשונה הנאצלת מאת השם יתברך, ועל רוב מעלתה והסתרתה והתעלמותה לפי רוב כבודה מצד הפנים הפנימיים הפונים אצל השם יתברך, אבל מצד עצם הנאצל מאת השם יתברך, הרי גם אותו הנברא ראשון הוא בגדר אחד עם שאר הנבראים בבחינת עצמו וענינו, וזו ידיעת השם יתברך כיצד הוא מניע הכל ונתיחד באמתתו, וזהו סוד אלה"ים שביארנו בעניין - או מי ישום אלם. ואחר שעוררנוך על אלו העיקרים הגדולים בסוד אותיות חשמ"ל, יש לנו לחזור ולהודיע מה שאמרנו בעזרת השם יתברך ויתעלה:

סדר האותיות הנקראות חיות, כבר ידעת כסדר מה ושביארנו לך במרכבת יחזקאל עניין החשמ"ל ועניין החיות, והודענוך סדר המעלות במעלות החיצונות ובמעלות הפנימיות. ועתה יש לנו לחזור ולהודיעך כיצד כל המעלות העולם תלויות, באותיות לפי שהאותיות הן היו מקור כל הבניינים ועיקר כל היסודות, והנה האותיות נמשלות לכל הנבראים שבעולם כדמיון החותם שבו חותמין צורת השעוה, וכפי דפוס החותם וצורותיו כך הצורות בשעוה, והנה לפי זה הסדר נעשה העולם ונבנה על צורת האותיות, כמו שאמר בספר יצירה בעניין **אמ"ש**, ובעניין **בג"ד כפר"ת**, ובעניין **הו"ז חט"י לנ"ס עצ"ק**, המליך אות פלוני וקשר לו כתר, וברא בו דבר פלוני, בשנה ודבר פלוני בנפש. כי בצורת כל אות ואות נבראו

שלשה בכל צורה וצורה, משלושה הצורות הנקראות - **עולם**[90] **שנה נפש** כמו שנזכר בספר יצירה, והכל נעשה בצורת האותיות, כי האותיות הן כדמיון הדפוס שבו נעשית הצורה, וזה שכתב שלמה על צורת האותיות שהיא צורת החכמה הפנימית - הוי"ה[91] קנני ראשית דרכו קדם מפעלו מאז. מעולם[92] נסכתי מראש. באין[93] תהומות חוללתי כו'. ואהיה[94] אצלו אמון. ואמרו חז"ל - אל[95] תיקרי אמון אלא אומן. כדמיון האומן הבורא הדבר ומתקן הצורה כך האותיות היו אומניות לעולם, ולכל צורותיו ועניניו בעליונים ובתחתונים, ואמר שלמה - הוי"ה[96] בחכמה יסד ארץ כונן שמים בתבונה. בחכמה זהו אות **יו"ד**, כונן שמים בתבונה היא אות **ה"א**. בדעתו[97] תהומות נבקעו. זה אות **וא"ו**, ואף על פי שאמרו חז"ל - העולם[98] הזה נברא **בה"א** והעולם הבא נברא **ביו"ד**. כבר גלינו סודות נעלמים בספר שערי צדק ובמרכבת יחזקאל, כי יש דבר שנקרא ארץ והוא שמים, ויש שנקרא שמים והוא ארץ, בסוד מה שאמר הכתוב - בראשית[99] ברא אלה"ים את השמים ואת הארץ. ואחר כך - ביום[100] עשות הוי"ה אלה"ים ארץ ושמים. וכתיב - הודו[101] על ארץ ושמים. כמה נפלאות עצומות במקום זה מגלוי כבודו וגדולת מלכותו יתברך, והנה כל העולמות למיניהם יש בהם ארץ ושמים ושמים וארץ, אלא שהמפורסמים לנו הם שמים וארץ הנבראים, אבל על דרך החכמה הפנימית יש שמים וארץ לארץ, בסוד

---

90 ספר יצירה פרק ג
91 משלי ח כב
92 משלי ח כג
93 משלי ח כד
94 משלי ח ל
95 מדרש תנחומא בראשית א
96 משלי ג יט
97 משלי ג כ
98 בראשית רבה יב י
99 בראשית א א
100 בראשית ב ד
101 תהלים קמח יג

נשגב ונעלם הידוע ברומו של עולם, בסוד סתרי המרכבה ומעלותיה וסגולותיה, ושאר ענייני עומקיה הנודעים לנכנסין לפרדס הפנימי להסתכל במראות הצובאות, ומכאן למד שאמר הכתוב - עד[102] די תנדע די שליטין שמיא. ושלמה צווח ואמר - ואתה[103] תשמע השמים מכון לשבתך. ומכאן אמרו חז"ל - לקבל[104] עליו עול מלכות שמים. והכל רמוז גלוי לפניך וידוע לנכנסין לסתרי המרכבה:

ואחר שהודענוך זה נחזור לכוונתנו ונאמר, כי האותיות הנקראות חיו"ת, הן אחד עשרה אותיות שהם מניעות האותיות, ואף על פי שהן מניעות אותם הן מתנועעות עמהם, והתנועה שלהן הן כדמיון האבן ביד שלא תתנועע אם לא תתנועע היד עמה, ובדרך זה ממש יש תנועה גופנית לחיו"ת שהיא דומה לתנועת האבן ביד, והיא תנועת השמוש לא תנועת הנשמה:

כיצד, הרי אמרנו לך כי י"א אותיות נקראות חיו"ת, ואלו הן **שמלאכת"ו בינ"ה**, ונקראות חיות לפי שיש בכח כל אחת מהם כח חיים להניע התיבה לימין, ולשמאל, פנים, ואחור, למעלה, ולמטה. כיצד כאמרך על דרך הלשון פעל, יבאו אלו י"א אותיות ויתגלגלו ממילת פעל י"א גבוליים משונים אלו מאלו, באומרך:

א. שפעל
ב. מפעל
ג. לפעול
ד. אפעול
ה. כפעול
ו. תפעל
ז. ופעל

---

102 דניאל ד כב
103 מלכים-א ח לט
104 ברכות יד ב

ח. בפעול
ט. יפעל
י. נפעל
יא. הפועל

הרי י"א אותיות גלגלו מילת **פעל** לי"א הפוכים וגלגולים משונים זה מזה, ובאלו ההפוכים תבנה ותכונן לשון הקודש, ותכונת תורה ויסודותיה ובנייניה, ובהם נתלים כל פעולות עולם וסתריהם, וכל אחד מאלו י"א גלגולים צורך גדול, אלו חסר אחת מהם הייתה הפעולה חסרה, כדמיון האדם שחסר עין, או יד, או רגל, או אחד מאבריו, והרי אלו י"א אותיות מניעות התיבה לכל צד תנועה, אבל התנועה הזאת איננה כתנועת אותיות חשמ"ל שהם אותיות הוי"ה יתברך ויתעלה, שמניעות שאר האותיות בניקוד, לפי שתנועת אותיות חשמ"ל היא נעלמת כדמיון תנועת הנשמה השכלית, שמניעה את הגוף והיא נסתרת, וכן תנועת אותיות חשמ"ל נעלמת, כאומרך **בנו שמי**, הרי אין האות המניעה נזכרת אלא נסתרת ועומדת נבדלת, אבל באלו י"א אותיות הנקראות חיו"ת אינן מניעות את השאר אם לא יתנועעו גם הם עמהם, והם נגלות ומפורסמות בשעה שהם מניעות, כאומרך **אפע"ל** הרי האל"ף, שהיא מניעה את מילת **פע"ל**, גם היא נקראת עם המילה שהיא מניעה אותה, ואם לא תתנועע אל"ף המניעה את פעל כאומרך אפעל לא תתנועע ומתפעל לאותה הפעולה הנקראת אפעל, וזהו סוד זאת - ובלכת[105] החיות ילכו האופנים אצלם וכו'. כלומר בהתנועע החיות יתנועעו עמהם האופנים, וכן הוא במקום הזה ממש, והתבונן בינה גדולה בדבר כי צורך גדול הוא, וממקום הזה תכנס לכמה חדרים פנימיים, שאי אפשר לו לאדם להיכנס בלי מפתח:

ואחר שידעת זה התבונן בכל מקום שתמצא אותיות הנקראות חיות, ותדע ותשכיל מה טעם נקראות חיות, ואם

---

[105] יחזקאל א יט

תקשה ותאמר והלא אמרת כי אותיות חשמ"ל הם אותיות השם יתברך שהוא הוי"ה, והם מניעות תנועה שכלית, ואם כן מה טעם מנית אותם גם במקום זה עם אותיות הנקראות חיות שהם **שמלאכת"ו בינ"ה**, שהרי גם אלו שלוש אותיות של שם, וקראת אותם מתחילה חשמ"ל עכשיו קורא אותם חיות, דע כי כבר עוררנוך על זה למעלה, ואמרנו לך כי בהיות אותיות השם יתברך מניעות התנועה השכלית הראויה להם, לפי שהם תנועת הניקוד עומדות ומניעות ונסתרות, אבל בהיות אותיות של שם בשאר מקומות שאינן במקומם הידוע לתנועת השכל, גם הם מתערבות עם שאר האותיות ומתגלגלות עמהם, כמו שאמרנו לך כי שם הוי"ה יתברך ויתעלה, כשאלו ארבע אותיות הן נכתבות בסדר השם, הם קודש ואסור למחקן, והתבונן זה העיקר הגדול כי צורך גדול הוא לך בכל מקום שתצטרך להיכנס בעיקר השגתו:

ודע כי אותיות השם יתברך, אף על פי שהם מניעות תנועת חש"מל לפעמים הם מניעות תנועת חיות, ולפעמים גם כן הם נעשות אופנים כפי המקום הראוי, וכשפוגעת בו והן גם כן מתנועעות מכח האותיות הנקראות חיות, הכל כפי המקום שעומדות בו, **וכלל גדול** אני מוסר לך בידך במקום זה, ושמור אותו לכל מקום כדי שלא אצטרך לכפול הדברים בכל מקום:

דע כי אותיות שהם נקראות חשמ"ל, שהם אותיות של הוי"ה יתברך, הן עומדות בתורה בשלשה עניינים, והאותיות הנקראות חיות עומדות בשני עניינים, כיצד עומדות בתנועה שכלית, כגון אני שמי אמרה שמרה אמרו שמרו וכיוצא באלו, וזו היא תנועת חשמ"ל. ופעם עומדות בתנועת גופני כגון יעבר, העובר, ועבר, הרי אלו שלוש אותיות משמשות בראש התיבה, ועמדות להורות במילת עבר מהו הכונה לצד שיצטרך, וזו תנועת

חיו"ת.

ופעם עומדות בצורת אופנים שאינם מניעות לא תנועת חיות ולא תנועת חשמ"ל, כאומרך **גוי חי**, הנה כי אות יו"ד שבאלו התיבות איננה אלא שורש המילה, ואיננה מניעה לא תנועת חשמ"ל ולא תנועת חיות, ואם כן הרי אותיות חשמ"ל, הן משמשות בתורה בשלשה דרכים הללו:

אבל האותיות הנקראות חיות אינן משמשין אלא בשני שמושים לבד, האחד - שימוש תנועת הגוף כאומרו עבר וישמשו אלו האותיות **שמלאכת"ו בינ"ה**:

א. שעבר
ב. מעבור
ג לעבור
ד. אעבור
ה. כעבור
ו. תעבור
ז. ועבר
ח. בעבור
ט. יעבור
י. נעבור
יא. העובר

הרי אלו י"א אותיות משמשות ומניעות תנועה גופנית:

השימוש השני, הוא שאלו האותיות הנקראות חיות, גם הם חוזרות ונעשות במקומות אופנים, כאומרך דרך משל מל"ך, אף על פי שאלו השלוש אותיות, הם מאותיות **שמלאכת"ו בינ"ה** הרי חזרו שלשתן במילת מל"ך להיותן אופנים, והם צריכות להתנועע מכח אותיות אחרות זולתן, כאומרך:

א. שמל"ך
ב. ממלו"ך

ג.   למלו"ך

ד.   אמלו"ך

ה.   כמלו"ך

ו.   תמלו"ך

ז.   ומל"ך

ח.   במלו"ך

ט.   ימלו"ך

י.   נמלו"ך

יא.   המול"ך

הרי גם אותיות חיות מתנועעות מכח אותיות **שמלאכת"ו
בינ"ה**, ונמצאו האותיות הנקראות חיות מתנועעות מכח
אחרות אף על פי שהם מניעות לזולתן, והם משתמשות
בשני שמושים הללו ואין להם שימוש שלישי, כי השלישי
השכלי מיוחד הוא לאותיות חשמ"ל:

וגם האותיות הנקראות אופנים שהם **גז"ע צד"ק פר"ח
ט"ס** אין להם אלא שימוש אחד לבד, והוא שהם שורשיות,
כדמיון האבן שמתנועעת מכח היד, כמו שנבאר עכשיו
בעזרת השם יתברך. ונתחיל ונאמר:

סדר האותיות הנקראות אופנים הן האותיות הנקראות
גז"ע צד"ק פר"ח ט"ס, הם י"א אותיות שהם מתנועעות
מכח שאר האותיות, ואינן מעצמם אם לא יניעום שאר
האותיות בשני מיני התנועות, או בתנועה שכלית הנקראת
תנועת חשמ"ל, או בתנועה גופנית הנקראת תנועת חיו"ת.
תנועה שכלית כיצד, באומרך **פר"ח** דרך משל, הרי אלו
השלושה אינן מתנועעות, אם לא יתוספו עליהם אותיות
חשמ"ל, שהם אותיות התנועה השכלית. כאמרך פרח"ו
פרח"י פרח"ה הגפן, וכן כל כיוצא בזה. תמצא אותיות
הוי"ה מניעות אותיות **פר"ח**, והם נסתרות ונבדלות מהם,
והרי אין אותיות **פר"ח** מתנועעות אפילו תנועה גופנית.
אם לא יניעום אותיות הנקראות חיו"ת, שהם אותיות
הנקראות **שמלאכת"ו בינ"ה**, כאומרך:

40

ספר הניקוד וסוד החשמל

א. שפרח

ב. מפריח

ג. לפרוח

ד. אפרח

ה. כפרוח

ו. תפרח

ז. ופרח

ח. בפרוח

ט. יפרוח

י. נפרח

יא. הפרח

הרי כל י"א אותיות **שמלאכת"ו בינ"ה** הן מניעות אותיות **פר"ח**, גם בתנועה גופנית, שזו היא תנועת האופנים המתנועעים בתנועת החיות, וזה שאמר הכתוב - ובלכת[106] החיות ילכו האופנים אצלם. ממש, כלומר בהתנועע החיה יתנועע אצלה האופן ממש, כדמיון אפרח, תפרח, נפרח, שהרי האל"ף והתי"ו והנו"ן הן חיות, ואותיות **פר"ח** הן אופנים, וכשהן מתנועעות עצמן מתנועעות אצלם גם אותיות פרח, כאמרך אפר"ח, תפר"ח, נפר"ח, הרי בהיות אותיות את"ן מתנועעות יתנועעו עמהם אותיות **פר"ח**. נמצאת למד כי האותיות הנקראות אופנים, אין להם תנועה בצד ועניין, אלא על ידי אותיות **חשמ"ל** שהוא הניקוד, או על ידי האותיות הנקראות חיו"ת שהוא סוד השימוש בפעולת הלשון:

ואחר שהודענוך אלו העיקרים הגדולים, בסוד היות האותיות כולם נחלקים לשלושה חלוקות, שהם סוד תכונת כל העולמות, בסוד המרכבה שראה יחזקאל, בסוד - וארא וארא וארא, שהוא סוד **חשמ"ל חיו"ת אופני"ם**, והוא סוד האותיות, אותיות הן **יה"ו**, **שמלאכת"ו בינ"ה**, **גז"ע**

---

[106] יחזקאל א יט

ספר הניקוד וסוד הזושמול

צד"ק פר"ח ט"ס, יש לנו לחזור ולהודיעך כיצד כל מעלתם סדרי העולם מתנהגות, על סדר כ"ב אותיות:

ונאמר, דע כי חלוק הארבע יסודות בשלשה מעלות הן [צורכין], כיצד התורה אמרה - בראשית[107] **בר"א** ה' את השמים ואת הארץ. והנה בשמים יש שלושה יסודות חומרים, שנקראות סוד - אש רוח מים, והשמים נעשית רביעי להם בצורות פנימיות והיא סוד ארץ להם, וכמו כן בארץ למטה שלושה יסודות - אש רוח מים, ושלשתם מקיפים על הארץ, והארץ נעשית להם רביעית, וידיעת דבר זה כבד ורחוק מאד ממה שחשבו [שהשיגו] אנשי הפילוסופיה בטבע הארבע יסודות, ואין להם דרך להיכנס לעומק דברים הללו, אלא עד ידי המישוש כסומא בארובה ימשש חשך ולא אור, ולא ידעו כי חילוק היסודות בשלושה דרכים, בשלוש תנועות לצד [לבד].

האחד - יסוד האש, תנועתו למעלה.

השני - יסוד הרוח, תנועתו בסבוב.

השלישי - יסוד המים, תנועתו למטה.

ואין שם תנועה רביעית, וכמה טעו בחשבם כי הם שתי תנועות למעלה ביסודות ושתי תנועות למטה, ואינו כן, כי שלוש תנועות לבד הן כל התנועות, ואם היו ארבע יסודות, היו מוכרחות התנועות להיותם ארבע, אמנם המחלקות שתים, האחד נקראת ארץ והשנית נקראת שמים, ולכל אחד מאלו יש שלושה יסודות, ששלוש התנועות חוט המשולש - אחד עולה, ואחד יורד, ואחד מקיף, והנושאים שמים, והנה בסדר זה כל תכונת הארבעה יסודות, ואלמלא שאין אנו רשאין היינו מראים בדבר זה כמה עניינים פנימיים, בעניין אותיות השם יתברך שהשערים סגורין בפני הסומין:

והמבין עיקרים גדולים בחדרי המרכבות הפנימיות, יבין

---

[107] בראשית א א

סוד ארבעה תקופות השנה, שתים הן שוות, והשתים הנשארות אחד עולה ואחד יורד, סוף דבר אף על פי שהיסודות ארבע בפשוט. היודע סדר התכונה ידע כי הם שלושה, והאחת בית קיבול מתפעל על ידי השלושה, עד שנמצאו ארבעה, ואין דברים מטבע ראיית עיני היושבים בחוץ, שאינן נראין בצפיית המרכבה הפנימית, בהיות שחלק מחלקות היסודות לשלשה דרכים, בסוד - **אמ"ש.** שלוש אותיות כנגד שלשה יסודות, והם סוד **אמ"ש** - מ"ם דוממת, שי"ן שורקת, אל"ף אויר, חוק מכריע בינתיים. אמנם חילוק היסודות ארבעה כפי מחשבת עניין הראות, מאין יהיה מכריע בינתיים, אמנם חילוק היסודות בשלוש והארץ כלולה בהן, עד שנמצאו המעלות שלוש כלולות בארץ, והוא הדין בשמים ליודעים הסתרים הנעלמים, כי יש ארץ נקראת שמים, ויש שמים נקראים ארץ:

והנה אמר במרכבת יחזקאל - והנה[108] אופן אחד בארץ. ותרגם יהונתן בן עוזאל ע"ה - בארץ מלרע לרום שמיא. והנה התורה מכרזת ואומרת, כי הארץ כוללת עמה שלוש יסודות, אחד עולה, ואחד יורד, ואחד מכריע בינתיים, והארץ כוללת שלשתן, והיא בית קיבול לכולן. ואמרה תורה - והארץ[109] היתה תהו ובהו וחשך על פני תהום ורוח אלה"ים מרחפת. והנה **החשך** בפסוק זה הוא האש היסודית, כאמריו - כל[110] חשך טמון לצפוניו תאכלהו אש לא נופח. ולמטה **מים**. **ורוח** באמצע מכרעת בינתיים, וכן הוא אומר ורוח אלה"ים מרחפת על פני המים:

ואחר שידעת זה הרמז, נתחיל להודיעך כיצד סדר כל המעלות העולם הן תלויות בסדר כ"ב אותיות בדרך זה, אמר בספר יצירה - כ"ב[111] אותיות יסוד.

108 יחזקאל א טו
109 בראשית א ב
110 איוב כ כו
111 ספר יצירה ב ו

שלש[112] אמות. שבע[113] כפולות. י"ב[114] פשוטות. שלש[115] אמות אמ"ש **מ"ם** דוממת **שי"ן** שורקת **אל"ף** חק מכריע בינתיים. ואחר שהודענוך זה, יש לנו לעוררך על יסוד, כיצד כל העולם תלוי בצורותיו, בסדר שלש אמו"ת אמ"ש, שבע כפולות לפי שמקבלות דג"ש ורפ"ה, והן - **בג"ד כפר"ת**, אף על פי **שהרי"ש** [אות ר'] אינה מתרפאת בכללן היא. ונקראו י"ב פשוטות - **הוז"** **חט"י** **ל"נ** **ס"ע** **צ"ק**, לפי שאין מקבלות רפ"ה. ויש לנו להודיע כיצד כל צורות שמים וארץ תלויות באלו כ"ב אותיות, בדרך אמ"ש, ובדרך בג"ד כפר"ת, ובדרך הו"ז חט"י לנ"ס עצ"ק, והנני מבאר בדרך צורתן שלש אמות אמ"ש הן כנגד שלש יסודות בדרך זה:

ש - יסוד האש, צהרים, חום בשנה, ראש בנפש:
מ - יסוד המים, ערב, קור בשנה, בטן בנפש:
ר - כוכב הנקרא כוכב, יום ה' בשנה, אוזן ימין בנפש:
כ - כוכב חמה, יום ג' בשנה, אף ימין בנפש:
נ - כוכב צדק, יום א' בשנה, עין ימין בנפש:
ה - טלה בעולם, ניסן בשנה, כבד בנפש:
ז - תאומים בעולם, סיון בשנה, טחול בנפש:
ט - אריה בעולם, אב בשנה, כוליא הימינית בנפש:
ל - מאזנים בעולם, תשרי בשנה, וושט בנפש:
ס - קשת בעולם, כסליו בשנה, יד ימין בנפש:
צ - דלי בעולם, שבט בשנה, רגל ימין בנפש:
א - יסוד הרוח, בקר רויה בשנה, גויה בנפש:
ת - כוכב לבנה, יום ששי בשנה, אוזן שמאל בנפש:
פ - כוכב נוגה, יום ד' בשנה, אף שמאל בנפש:
ד - כוכב מאדים, יום ב' בשנה, עין שמאל בנפש:
ב - כוכב שבתאי, יום ז' בשנה, פה בנפש:
ו - שור בעולם, אייר בשנה, מרה בנפש:

---

112 ספר יצירה ג א
113 ספר יצירה ד א
114 ספר יצירה ה א
115 ספר יצירה ב ג

ספר הַנִּיקוּד וסוד הַזִוּשֹבֹבל

ח - סרטן בעולם, תמוז בשנה, המסס בנפש:

י - בתולה בעולם, אלול בשנה, כוליא שמאלית בנפש:

נ - עקרב בעולם, חשון בשנה, מעים בנפש:

ע - גדי בעולם, טבת בשנה, יד שמאל בנפש:

ק - דגים בעולם, אדר בשנה, רגל שמאל בנפש:

הרי לך כל צורות שמי"ם ואר"ץ וכל אשר בהם, שהם
כוללות כל שאר הצורות, הן נכללות בסדר כ"ב אותיות
שזכרנו בסדר צורות היסודות, והכוכבים, והמזלות,
ובצורות הזמן למיניו, ובצורות גוף האדם להלכותיו,
וכשתתבונן בשלשת מיני הצורות הללו ובסוד כ"ב אותיות,
תמצא כל בריאת העולם למיניו, ותכונתו, הכל תלוי
באותיות, והמבין נסתרים הנעלמים שבספר יצירה יתבונן
עומק האותיות, ושאין כל בריה יכולה להתבונן בעמקיהם,
כל שכן בהיות התורה נארגת מן האותיות, כאלו תאמר
מילת בראשית, בהתערב אלו השישה אותיות אלו עם אלו,
מתוך ערוב אותן האותיות, ועומק הבנת גלגולם וצירופם,
היו נכנסים הנביאים וחוזים לעומקי התורה, וזה דבר שאין
בכח בריות העולם להשיג סוף הדברים הללו, אלא השם
יתברך:

והנני ממשיל משל בעניין אריגת התיבות באותיות, לרופא
בקי עד מאד יודע טבע כל רפואה ורפואה, מכל מיני
הרפואות, בהיות כל רפואה מהן נפרדת מחברתה, צריך
לדעת טבעה וכוחותיה וסגולותיה, ואחר שידעת טבע כל
רפואה ורפואה בהיותה נפרדת, כשיצטרך ירכיב כ**אחד**
שתי רפואות, או **ב'** או **ג'** או **ד'** או יותר, כמה שירצה
להרכיב, ואז בהתחבר כל טבע וטבע מכל אותן הרפואות
שהיו מאז נבדלות, ועתה מתערבות כאחד, ומזדווגות אלו
באלו, אז יגיע הרופא אל תכלית רפואה שלימה, כפי צורך
החולי, ואם לא ידע הרופא טבע כל סם וסם, הנפרד לעצמו
לעולם, לא יוכל לעשות הרכבה מועלת לפי צורך הרפואה

45

הצריכה, ובדרך זה הוא סוד כל אות ואות מאותיות התורה, השם יתברך יודע תכונת כל אות וצורותיה ותכונותיה וכוחותיה ופעולותיה, ובהיותו מחבר שתי אותיות, או שלוש, או ארבע, או יותר, אזי בחיבור האותיות בתיבה תבנה ותכונן חכמתה העליונה בעולמות שברא, וזהו דבר - עמוק[116] עמוק מי ימצאנו. ואין זה מושג אלא על דרך הקבלה למשה רבינו ע"ה בסיני, וממנו לבאים אחריו, ואלו הן סתרי התורה ועומקה, ועל זה אמר דוד ע"ה מתחנן ואומר - גל[117] עיני ואביטה נפלאות מתורתך, ושלמה צווח ואמר - אמרתי[118] אחכמה והיא רחוקה ממני:

והמבין זה העיקר הגדול שאמרנו ושביארנו יוכל להרגיש בסוד המילות שהם חסרות ויתרות ושלימות, מה טעם - אלה[119] תולדות השמים והארץ. יש בו שני ווי"ן, מה טעם - אלה[120] תלדת ישמעאל. אין בו אפילו וא"ו אחת, ומה טעם - תולדת[121] יצחק בן אברהם. מלא וא"ו ראשונה וחסר וא"ו אחרונה, ומה טעם - אלה[122] תלדות יעקב. חסר וא"ו ראשונה ומלא וא"ו אחרונה, ובדרך זה שאר מלאים וחסרים שבתורה למיניהם, כי באלה העיקרים תבנה ותכונן חכמת עמקי התורה, כמו שמבואר - בהתחבר[123] לה קוצי האותיות וכתריהן. ומה שמבואר בעירובין - עד[124] שבא שלמה ועשה לה אזנים קווצותיו תלתלים אמר רב חסדא אמר מר עוקבא מלמד. שיש לדרוש על כל קוץ וקוץ תילי תילים של הלכות... על כל קוץ וקוץ. ואמרו -

---

[116] קהלת ז כד
[117] תהלים קיט יח
[118] קהלת ז כג
[119] בראשית ב ד
[120] בראשית כה יב
[121] בראשית כה יט
[122] בראשית לז ב
[123] ויקרא רבה יט א
[124] עירובין כא ב

קווצותיו[125] תלתלים. ומה שדרשו במנחות בעניין רבי עקיבא ע"ה כעניין זה. כל שכן בהתחבר לכל אות ואות מיני הניקוד המשונים אלו מאלו, כי הם עיקר הגדול לעומקי התורה וסתריה, כל שכן בהתחבר אליהם דג"ש ורפ"ה, שבולת וסבולת, כל שכן בהלוות אליהם מיני הטעמים זרקא מקף סגולתא, אלו מאריכין ואלו מקצרין, אלו מימינים ואלו משמאלים, מי יוכל לעמוד בתוקף חכמת התורה ודקדוקיה ועמקיה, ולפיכך האריכו חז"ל לומר במסכת חגיגה - שש[126] מאות סדרי משנה ואמרי לה שבע מאות סדרי משנה היו לישראל. ועל דרך זה יש לו לאדם להתבונן בסדרי התורה שהם תלויים בחכמתו של מקום יתברך, אין מי שיוכל אחד מאלף אלפי אלפים תלי תלים התלויות בקצת אות אחת מאותיות התורה:

ואחר שעוררנוך על אלו העיקרים הגדולים די לנו בזה המעט שהודענוך במקום זה, והשם למען רחמיו וחסדיו יפתח לבנו בתורתו, וידריכנו בנתיב מצותיו, למען רחמיו וחסדיו, ונזכה לזמן שכתוב - כי[127] מלאה הארץ דעה את הוי"ה כמים לים מכסים. ברוך[128] הוי"ה לעולם אמן ואמן:

תם ונשלם השבח לבורא עולם

---

125 שיר השירים ה יא

126 חגיגה יד א

127 ישעיהו יא ט

128 תהלים פט נג

ספר הַנִּיקוּד וְסוֹד הַזִּשׁמֹל

ספר החשמל

ספר החשמל - רבי יוסף ג'יקטליא ז"ל.

ומתוכה[1] כעין החשמ"ל. צריכין אנו להודיעך עיקרים גדולים, דע כי קודם שיכנס האדם להשגת סוד הוי"ה יתברך, יש לו לעבוד כמה מעברות ולהיפגע בכמה המוני עליונים, והם עשר מדרגות זו למעלה מזו, כמו שתדע עדיין בעזרת השם.

ודע כי כשהיו הנביאים מתבודדים, ומטהרים את עצמם ומכינים מחשבתם להשגת הנבואה ולהשרות עליהם שכינה, הייתה השגתם כעניין שאומר לך. משל לשר שהלך לראות פני המלך, והמלך יושב בבית מלכותו, י"א חדרים חדר לפנים מחדר, והעמיד המלך מבחוץ בחדר החיצון, שבכולן ממונים זריזים, ואמר להם כל הבא להיכנס בחדר שלכם תבדקו אותו אם יש לכלוך בבגדיו אל יכנס. וליושבים בחדר שני, וליושבים בחדר שלישי צווה ואמר, כל מי שתראוהו שנכנס שאלו אותו שאלה פלונית ופלונית, אם ישיב כהוגן יכנס, ואם לאו לא יכנס. וליושבים בחדר הרביעי והחמישי צווה ואמר, כל הנכנס וצופה ביניו לימין או לשמאל אל תקבלוהו. וליושבים בחדר השישי, כל הנכנס ולא יקדים כך וכך אל תקבלוהו. וליושבים בחדר השביעי צווה ואמר, כל הנכנס ולא יכיר להשיב תשובה על כל דבר שתשאלוהו, אל יכנס. וליושבים בחדר השמיני צווה ואמר, כל הנכנס ולא ישיב תשובה לכל דבר שתשאלוהו אל יכנס. וליושבים בחדר התשעי צווה ואמר, כל הנכנס ולא ימהר לפי שעה בקלות, לשון במהירות, כמו שאתם מדברים לפני לדבר, ולשאול ולהשיב, אל יכנס. וליושבים בחדר העשירי צווה ואמר, כל הנכנס ואינו נראה

---

[1] יחזקאל א ד

ספר הזושבמל

כצורה שלכם, אל יכנס, ואל תקבלוהו. ובדרך זה הייתה מעלת הנביאים, והיו צריכין להיות כולם שלמים בכל אלו המעלות, וכן אמרו זיכרונם לברכה במסכת שבת - אין[2] שכינה שורה אלא על חכם גיבור ועשיר. ואשר כח להם לעמוד בהיכל מלך, ואומר - מי[3] יעלה בהר הוי"ה וגו'. ואומר - אשר[4] יחדו נמתיק סוד וגו'. ואומר - כי[5] שפתי כהן ישמרו דעת וגו'. ואומר - ויעל[6] מלאך הוי"ה מן הבוכים:

ואחר הקדמה זו, דע כי קודם שיכנסו הנביאים להשיג שפע נבואה, הם נכנסים דרך מעברות ומבואות מלאכי מעלה, והם המלאכים פוגעים בהם ובודקים אותם, ובכל שער ושער היו בודקים אותם בדיקה משונה מחברתה, וזה שאמר רבי עקיבה לתלמידיו - כשאתם[7] מגיעים לאבני שיש טהור אל תאמרו מים מים. כי אין מים. וכל המבואות שמגיעים ונכנסים הנביאים בהשגת הנבואה, בכל שער ושער ממבואות השערים, אותם המלאכים העומדים שם בודקים אותם, אם ראוים להיכנס מניחין אותם להיכנס, ואם לאו מניחים אותם מבחוץ. וזה הוא העניין שאפילו החכמים הנכנסים לפרדס היו בודקים בהם, כשהם הנביאים שהייתה מעלתם גדולה. וזה שאמרו זיכרונם לברכה בחגיגה - ארבעה[8] נכנסו לפרדס. ואלו הם רבי עקיבה וכו', בן עזאי וכו', רבי עקיבה נכנס בשלום ויצא בשלום. ואף[9] רבי עקיבה בקשו מלאכי השרת לדוחפו אמר להם הקדוש ברוך הוא הניחו לו לזקן זה שראוי הוא שישתמש בכבודי:

---

[2] שבת צב א
[3] תהלים כד ג
[4] תהלים נה טו
[5] מלאכי ב ז
[6] שופטים ב א
[7] חגיגה יד ב
[8] חגיגה יד ב
[9] חגיגה טו ב

ספר החשמל

הנה כשיעבור הנביא באותם המלאכים יגיע בסוף כולם להיכלו של **חשמ"ל**. והחשמ"ל הם חיות של אש דקה בשפה ברורה, ודבורם בתכלית המרוצה, וכשידבר אדם דבור אחד הם ממללות אלף אלפי אלפים דיבורים, ואותם החיות אינם שוקטות אפילו רגע אחד, אלא ממהרות התנועה ומשתנות ברגע אחד לאלפי גוונים לכאן ולכאן, עולה ויורדת, ומתנועעות לצדדין בלי שקט ורפיון, וכפי קלות תנועתם כך קלות דבורם ומהירותם, ואלה החיות הנקראות חשמ"ל הם בודקים הנביאים בהגיעם לשער שבו נכנסים להשתכל [להסתכל], באספקלריא שלה, שהיא אספקלריא שאינה מאירה, והחשמ"ל ממהר בתנועתו ובקלות דבורו, לדבר עם אותו הנביא הנכנס להסתכל, ואם אותו הנביא יכול להבין דברי החשמ"ל, ברגע ולהשיב תשובה לכל דבור ודבור, אזי נודע כי ראוי להיכנס ולהסתכל בכבודו של מלך. ולפיכך נקרא חשמ"ל, מלשון חושה לעזרתי, ולעולם אין החשמ"ל שוקט אפילו רגע אחד מלדבר, אלא בשעה שיוצא הדבור מפי הקדוש ברוך הוא שכלם חשים מלשון שתיקה, ואחר כך ממללים, כלומר מקבלים מלמעלה, ואחר כך מתעסקים במה שקבלו, וזהו סוד - דומו[10] יושבי אי:

והנה החשמ"ל, בודק כל הנכנסים למעלת הנבואה, אם משיבים כעניין, ושואלים כהלכה במהירות כרגע, כמו החשמ"ל נכנסים, ואם לאו דוחים אותם כלפי חוץ, וזו היא תחילת השגת הנביאים [הנבואה], ועל זה נאמר - אשר[11] יחדו נמתיק סוד בבית אלהי"ם נהלך ברגש:

ודע כי לפעמים נקרא חשמ"ל ולפעמים נקרא חשמל"ה, וכשהוא שותק ומקבל נקרא חשמל"ה, וכשהוא ממלל

---

10 ישעיהו כג ב

11 תהלים נה טו

ומשפיע נקרא חשמ"ל, וזה הרמז מתפשט לידיעת כללים רבים בהשגת החשמ"ל, ולפי שהחשמ"ל בודק בנביאים ויודעי מרכבה, ואם נמצא הגון כמו שאמרנו, נותן לו רשות להיכנס, ואם לאו דווחהו כלפי חוץ. גם לפעמים שורף ומכניס מיתה גם לנערים, כדאמרינן בחגיגה פרק אין דורשין - תנו[12] רבנן מעשה בתינוק אחד שהיה קורא בבית רבו בספר יחזקאל והיה מבין בחשמל ויצאה אש מחשמל ושרפתו וכו' מאי חשמ"ל אמר רב יהודה חיות אש ממללות במתניתא תנא עיתים חשות עיתים ממללות ובשעה שהדבור יוצא מפי הקדוש ברוך הוא ממללות:

ועתה התבונן במה שאמר יחזקאל - ומתוכה[13] כעין החשמ"ל. מתוך קליפה הפנימית מארבע קליפות החיצונות. הסובבות את המלכות. יראה את החשמ"ל. ולא הוצרך יחזקאל להאריך בשאר מעלות המלאכים הנמצאים בכל ההיכלות. שיכנסו הנביאים לחשמ"ל, כי הדבר ידוע להם:

ומתוכה דמות, מתוך השגת החשמ"ל הבודק ביורדי המרכבה יש לפנים ממנו - דמות[14] ארבע חיות. בכל מקום שאתה רואה דמות הוא סוד הצורות המצטיירות במלכות, ועיקר מציאות מלכות, ובכל מקום שאתה רואה צלם הוא סוד כל הצורות המצטיירות על יד יסוד, וזהו סוד נעשה - אדם[15] כדמותנו בצלמנו. וסוד מה שאמרו אין נשמת זכר יוצא במלי נשמת נקבה שהיא בת זוגו, וכבר בארו רז"ל בזה עיקרים גדולים, והוא סוד ויקח[16] אחת מצלעותיו. וסוד

---

[12] חגיגה יג ב

[13] יחזקאל א ד

[14] יחזקאל א ה

[15] בראשית א כו

[16] בראשית ב כא

ויביאה[17] אל האדם. וסוד - זאת[18] הפעם עצם מעצמי וגו'. וסוד - ודבק[19] באשתו והיו לבשר אחד. וסוד - אלה"ים[20] מושיב יחידים ביתה [וסוד] מוציא אסירים בכושרות. וסוד - ראויה[21] הייתה בת שבע לדוד מששת ימי בראשית אלא שאכלה פגה. המבין זה יבין טעם - בנות[22] צלפחד שהיו לבני דודיהן לנשים. ויותר תועלת לנפטר בלא זרע ביבום אשתו לאחיו יותר מתועלתו בבתו, ולפיכך אמר בבת - והעברתם[23] את נחלתו לבתו. יום[24] עברה היום ההוא. והתורה מבארת הכל:

והנה אחר שאמרה התורה - נעשה[25] אדם בצלמנו כדמותנו. הוא סוד האצילות מיסוד למלכות, והוא סוד אצילות כל הנשמות זכר ונקבה כאחד, חזרה ואמרה כי הזכר הולך וגדל במקום ידוע, ואשתו הראויה לו הרי אפשר שעדיין לא נולדה, או היא בכרכי הים, והרי הזכר הולך וגדל במקום ידוע, וזהו - ויברא[26] אלהי"ם את האדם בצלמו. וחזרה תורה ואמרה **דמות** שהרי הנקבה, שהיא בת זוגו של זה הולכת וגדלה אפילו בסוף העולם, שהרי נשמותיהן יצאו כאחד, ולפיכך חזרה תורה ואמרה - זה[27] ספר תולדות אדם בדמות אלהי"ם עשה אותו. וזהו - ויקח[28] אחת מצלעותיו. וסוד - ויבן[29] הוי"ה אלה"ים את הצלע אשר

17 בראשית ב כב
18 בראשית ב כג
19 בראשית ב כד
20 תהלים סח ז
21 סנהדרין קז א
22 על פי במדבר לו יא
23 במדבר כז ח
24 צפניה א טו
25 בראשית א כו
26 בראשית א כז
27 בראשית ה א
28 בראשית ב כא
29 בראשית ב כב

לקח מן האדם לאשה. ויביאה[30] אל האדם. והיודע סודות עיקרים הללו, ידע הטעם שאמרו רז"ל - שהקדוש[31] ברוך הוא מזווג זיווגים. וסוד - שמא[32] יקדמנו אחר ברחמים. ומה שאמרו - משל[33] לענבי הגפן בענבי הגפן או שאמרו ענבי הגפן בענבי הסנה. ומה שאמרו זיכרונם לברכה - או[34] קוברה או קוברתו או מביאתו לידי עניות. ועוד יש סוד רמוז בעניין זה - אך[35] סוררים שכנו צחיחה. כי נשמת האדם היוצאת בבריאת הזכר **בצלם ודמות** יש לה שלוש דינים -

האחד - אלה"ים[36] מושיב יחידים ביתה.
והשני - מוציא[37] אסירים בכושרות.
השלישי - אך[38] סוררים שכנו צחיחה:

ואחר שידעת זה, דע כי מה שאמר - ומתוכה[39] דמות ארבע חיות. הרי הם לפנים מן החשמ"ל, ויש חיות שנקראות חיות הקודש נושאות הכסא, והם סוד עולם הסדור, ועולם ארבע ראשים, וכלם בסוד **צלם ודמות**. ולפיכך אמר להלן **וזה מראיהן**, ומה שתצטרך לדעת כי בחשמ"ל לא הזכיר דמות, אלא כעין - ומתוכה[40] כעין החשמ"ל מתוך האש:

והנני מבאר יש חשמ"ל פנימי, ויש חשמ"ל חיצון. ויש חיות פנימיות, ויש חיות חיצוניות. והכל תיקון המרכבה, ואל יעלה בדעתך כי חיצונות הם הנקראות קליפות ערלה, אמנם אלו הם חיות קדושות, הפנימיות נקשרות בכסא

---

30 בראשית ב כב
31 בראשית רבה סח ד
32 מועד קטן יח ב
33 פסחים מט א
34 פסחים מט א
35 תהלים סח ז
36 תהלים סח ז
37 תהלים סח ז
38 תהלים סח ז
39 יחזקאל א ה
40 יחזקאל א ד

הכבוד ונקראות חיצוניות, לפי שהן נבראות ואינם בכלל
יחוד השם, אבל הם מזומנות לעבודתו, והם נושאות הכסא,
ואלו ארבע חיצונות נקראים - מיכא"ל גבריא"ל אוריא"ל
רפא"ל, והם רגלי הכסא, והם סדר המרכבה חיצונה, והם
סוד מרכבת ארגמ"ן[41], עשר ספירות פרושות של ארגמן
בסודם. אמנם בסתרי הספירות הפנימיות, יש סתרי
סתרים, נקראות חיות לעניין פנימי, וכן חשמ"ל, ואינם
מכלל אלו שזכרנו אלא הויות עליונות פנימיות:

וזה[42] מראיהן. פירוש, אותה הספירה הנקרא **זה**, היא
מראיהן, היא מאירה למלכות, ומתוכה נראות כל המראות
כדמיון הנר הנתון בתוך העששית, והיא מאירה, וכדמיון
לווי אור הלבנה לאור החמה, לפי שאין ללבנה אור
מעצמה, אלא מה שנשפע לה מאור החמה. והיודעים סתרי
תכונת הכוכבים ומהלכם ומסילותם, יודעים כי בהפסק
אחד מהדברים המפסיקים בין החמה והלבנה, תהיה לקות
הלבנה, אפילו בשעה שהלבנה מאירה. ועוד חסרון הלבנה
ומלואה, נודע מתוך סתרים הללו, וכל הדברים וכל
התכונות למעלה ולמטה, בשמים ובארץ, ברא השם יתברך
בעניין צורות ודמיונות, כדי שיכנסו בני אדם, להבין
הדברים הפנימיים והנסתרים, מתוך דברים הנגלים:

כמראה[43] הבזק כו'. הוצרך לומר כמראה הבזק, שהוא סוד
חיה ידועה למטה מאותן החיות, והיא למעלה מהאופנים
ידועים, ושולטת על אותן אופנים, ומוגשת ברקיע עומדת
על שתי העמודים, ונקראים שתי כרובים, מלבד הכרובים
העליונים, וכל זה על הרקיע, ואין זה הרקיע שעל ראשי
החיות. וזאת החיה הנקרא - בזק וכו', היא המקבלת והיא
הממונה על כל עוסקים בתורה בלילה, והיא הפותחת

---

[41] ארגמ"ן - אריאל, רפאל, גבריאל, מיכאל, נוריאל.

[42] יחזקאל א ה

[43] יחזקאל א יד

השערים לכל הבאים להתפלל בלילה, עד שבא **סנדלפו"ן** רב ושליט על הממונים במאמר קונו, ומקבל כל התפלות וקושר אותם קשרים לקונו. ואל יעלה בדעתם שיש מלאך אמצעי בין ישראל לאביהם שבשמים, אלא שהמלאך הגדול ששמו סנדלפו"ן, הוא הממונה על שני המפתחות של שני שמות, שהם - **הוי"ה אדנ"י**, שהם **יאהדונה"י**, והוא הפותח שערי צדק, וכבר ידעת כי **אדנ"י** הוא סוף התפילה, אמנם הבא להידבק בשם **אדנ"י**, והוא יחיד צריך לפתוח לו השערים, ואלמלא לא יפתחו נמצאת תפילתו דחויה, ולפיכך כתוב - פתחו[44] לי שערי צדק וגו'. וכתיב - שאו[45] שערים וגו'. וכשקדם היחיד ומתפלל בלילה, אין בו כח לפתוח לו השערים בלילה לו לבדו. וזהו הממונה נקרא **בזק** שומר התפילה, עד בא עת פתיחת שערי צדק, שהמפתחות מסורות ביד סנדלפו"ן, לפי שתפילת הרבים נשמעת תמיד, ותפילת היחיד יש עליה מעכבים ומונעים ומערערים, ועל זה אמר - פנה[46] אל תפלת הערער ולא בזה את תפלתם. תפלתם לא בזה, אבל היחיד יש עליו מעכבין, ויש לאדם לעיין במה שכתוב בשמואל - ויפקדם[47] בבזק:

וצריך אני לעוררך בעניין גדול ולומר, כי האדם יש לו אצבעות בידיים וברגלים, אבל בידיים [בהם] נאמר להם - כידי[48] אדם. והטעם כי יש להחיות אצבעות ידים ולא אצבעות רגלים, לפי שאצבעות הידיים מורות על מחנות טהורות, ואצבעות הרגלים מורות על מחנות של טומאה. והנה כתות מלאכי מעלה אין בהם יצר הרע, ולפיכך אין שם אצבעות רגלים, וכן הוא אומר - רגליה[49] יורדות מות. והנה האדם מצויר בכל מיני צורות שנבראו למעלה ולמטה

---

44 תהלים קיח יט
45 תהלים כד ז
46 תהלים קב יח
47 שמואל-א יא ח
48 יחזקאל א ח
49 משלי ה ה

ספר הזושמול

בעולם המלאכים, והשמים, והארץ, וכל מינים שבהם, וזהו סוד - נעשה[50] אדם בצלמנו כדמותנו. וגם באדם משוכלל כל הצורות עליונות ותחתונות, טהורות וטמאות, ולפיכך באדם מצוירות אצבעות ידים ורגלים, ובחיות אינם כן, שאין שם צורת אצבעות רגלים, והבן. וכבר הודענוך בכל מקום שתשמע צורת יד, או צורת דבר, שלא נאמר שאלו הדברים הם כדמות אדם אברי האדם, אלא הם צורות רוחניות עליונות, מייחסות מעשה הפעולות לעיניים, ולאזנים, לידיים, ולרגלים, ולא צורת אברים ותבניתם, ושמר זה מאד:

ודמות[51] החיות מראיהן כגחלי אש. ודמות החיות, במקום זה אינו מדבר בצורה אלא במראיהן, ולפיכך אמר מראיהן כגחלי אש, לפי שכבר אמר למעלה - ודמות[52] פניהם פני אדם. אבל בכאן הזכיר והודיע שאין צורתן צורה גופנית כצורות שלמטה, אבל מראיהן כגחלי אש, וגחלי אש נקרא **אופנים**, לפי שבאופנים נתבדלו החיות להודיע מראיהן ומעלותן ופנימיותן, והנה האופנים הן המראות שמתוכן החיות נראות ומושגות:

בוערות[53] כמראה הלפידים. הם חשמלי"ם קטנים תחתונים, כמו שכתוב בחשמ"ל - ממראה[54] מתניו ולמעלה. ומה שכתוב **בוערות**, כלומר השפעת כח אצילות מהם לכמה חיילות ומחנות, לקבל כח השגה ומראה:

היא[55] מתהלכת בין החיות. אלא - היא[56] יונתי תמתי [יונתו

[50] בראשית א כו
[51] יחזקאל א יג
[52] יחזקאל א י
[53] יחזקאל א יג
[54] יחזקאל א י
[55] יחזקאל א יג
[56] יחזקאל א יג

ספר הַזֹּהַ֫שׁמַל

תמתו]. והיא הנותנת בכולם כח וקיום ושפע וחיים והעמדה ונגה, זה נגה שהוא סוד עניין גוונים של מיני צבעונים, כי הצבעונים לפי מיני השפע והאצילות הנמשך, ויש צבע שחור, או תכלת, או ירוק, או אדום, או ירקרק, או אדמדם, או ארגמן, ויש מיני לבן, וכל מיני צבע, ומראה גוון כולם כפי כח הסדרים העליונים, ונגה זה נמשך מצד ימין, ומתאחז עם השמאל, והשמאל עם הימין, והאש מלהטת ונוצצת מאותו הנוגה, ומאותו הנוגה יגיה זוהר כאבן ספיר, בהגיע כח זוהר אדמימותו, אז האבן מצטבעת בשני גוונים, לפי שבתחילה הייתה גוון חשוך, וכשפוגעת בנוגה אש מימין ומשמאל, מתנוססת כמראה לבן מצד הימין, וכמראה האודם מצד השמאל, ואין הלובן שבצד הימין גמר היופי עד שמתערב בו האדם שמצד השמאל, ואז נעשה המראה צח ואדום, ואז האותיות מתנוססות **בז"**ק, וזהו צבע המראות לשאר כל הצבעים:

ומן[57] האש יוצא ברק. זהו מקום תולדת המראות והצבעונין יעשה הדרך הזה הנקרא ברק, והיא מצטבעת בי"ב מראות, וזאת - אשר[58] דבר להם אביהם ויברך אותם וגו'. כי בירך אותם בי"ב[59] גבולי אלכסון:

ודע כי בפגיע מראיהן **בז"**ק, כפי מראות שיפגעו בו כפי מראה כל הצבעונים ומראיהן. ודע כי יש מצד לובן העליון, מיני לובן הרבה גבוה מעל גבוה, והם נחלקים לע"ב מראות לובן, [ותם בלק וארגמן בארבע פרשיות של תפילין], וכנגד אלו מראות הלובן, יש מראות[60] נגעים שתים שהן ארבע. וכולם לבנים הם זה למעלה מזה, והם נחלקים לע"ב, בסולם הלובן לע"ב מראות, וזהו ששנינו מסכת

---

57 יחזקאל א יג
58 בראשית מט כח
59 ספר יצירה ה ב
60 משנה שבועות א א

נגעים - רבי[61] דוסא בן הרכינס אומר מראות נגעים ל"ו עקביא בן מהללאל אומר ע"ב. ומכאן נארגין מראות הלובן מצד אברהם שהוא סוד החסד, וזהו סוד הלובן. ונאחזים ביצחק מצד שמאל, כי יש מן האש שהיא אדומה מתנוצצת, ויש נוטה לשוחרות, ויש אדומה עכורה, ויש שחורה נוטה לבהירות, ויש שחורה תנועת, ויש שחורה חזקה נקראת אפלה. בהגיע אליה מיני המים והלובן, ומיני האש והאור בינונית, כפי שיפגעו באבן ספיר בסוד הנגה והברק, כי יולדו בעולם בארבע מיני צבעונין למיניהן, והיא בקשת שהוא כולל הגוונים ומראה הצבעונים, שהוא סוד הברק. והנוטה לדעת קצת איך נארגים שלושה שמות וכינויו שזכרנו בפסוק - ויהי[62] בשלושים שנה. ידע סוד אריגת המראות והצבעונין במרכבה, בסוד - הנוגה והאש והברק והאבן, המבין עיקרים אלו יבין סוד - מרכבו[63] ארגמן. כלול בכל הגוונים ומיני צבעונין:

והחיות[64] רצוא ושוב. בסדר המשכת השפע ואצילות מאין סוף, רמוז בפסוק זה:

ודע כי יש חיות חיצוניות, ונקראות קודש, והם נקשרות בכסא. ויש חיות פנימיות, אין להם שיעור וגוון נברא, ומתוך השגת החיות החיצוניות, אדם נכנס ומסתכל מעט מתוך אספקלריא שאינה מצוחצחת, להשיג בצד רמז בפנימיות. והנני מבאר - **והחיות רצוא ושוב.** מרוב תשוקת החיות לקבל שפע ואצילות, מן המקור הנקרא **מקור חיים** אין להם השקט ומרגוע אפילו רגע אחד, מרוב החשק והחיבה להדבק במקום יסודם, ולשאוב ממעייני החשוק והקיום והכבוד והטוב, אינם שוקטות אפילו רגע אחד, ורצונם להיכנס לפני ולפנים, ולהדבק במאור כל

---

61 משנה נגעים א ד
62 יחזקאל א א
63 שיר השירים ג י
64 יחזקאל א יד

הטוב, וכשמגיעות למקום גבול השגתם, חוזרות מיד
לאחור, שאין להם יכולת להיכנס בפנים ממחיצתן,
ובשובם לאור מיד ירעבו ויצמאו, וישתוקקו לחזור
ולהדבק ולשאוב ממקור החפץ, ולפיכך אין להם סעד
וסמיכה ועמידה אפילו רגע אחד, וזה דרכם לעולם יומם
ולילה, וזהו הרמז לכל סדרי הספירות העליונות בסוד אין
סוף, וכל מיני מחנות מעלה אצל השם יתברך, וכן כל אחד
ואחד מכל מחנות העליונות, וזהו סוד תנועת השמים תמיד,
לפי עובי גסותם אצל המחנות העליונות שלמעלה מהם, אף
על פי כן מרוב תנועתם ותשוקתם לשאוב ממעייני
הישועה, כל אחד לפי מינו סובבים תמיד ומקיפין מנין
סיבובם ותקופתם, ועשה רצון השם יתברך בכל הנבראים
מתוך תנועת כל אחד ואחד מן המחנות העליונות, הנקראים
חיות חיצונות, מתוך אותה המחיצה הנקרא **רצו"א**,
מקבלת שפע וקיום וברכה מן הספירות, וכשהוא אומר
ושוב חוזרות ומשפיעות מאותה הברכה, והשפע והקיום
שקבלו למה שלמטה מהם, וכן כל מעלה ומעלה מן
המערכות העליונות, פועלות בסוד רצוא ושוב, וסימניך -
ודבר[65] הוי"ה אל משה פנים אל פנים ושב אל המחנה:

וזהו סוד מחיצת כל המחנות השכליות העליונות, לקבל
שפע וקיום ותשוקתם להשפיע בזולתם. וזהו סדר [סוד]
תנועת השמים לכל מיניהם, ולכל צבאותם והכוכבים
במסילותם למיניהם, מהלכם ומרוצתם כולם רצים
ומשתוקקים לשאוב ממעייני החפץ העליון, ושואבים
במרוצה וחוזרים ומשפיעים בזולתם, ואז כל המערכות
העליונות ותחתונות מתקיימות על סדר מעשה בראשית,
וכולם ניזונות ומתפרנסות בסוד **רצוא ושוב**, ומזה הדרך
ילכו המעיינות ויולידו ויצמיחו מיני הצמחים, כל אחד לפי
מינו, ויתגדלו כל מיני צמח, וכתיב - למינהו[66]. והכל נעשה

---

[65] שמות לג יא
[66] בראשית א יב

ספר הזושמ"ל

מצד תשוקת החיות עליונות, בסוד **רצוא ושוב**. וזהו סוד תקנת הנבראים, ופרנסתם, וקיום כל בני עולם, והנכנס לדעת עיקרים אלו, ידע היאך כל המחנות העליונות ששים ושמחים לעשות רצון הוי"ה, ולשאוב[67] ממעייני ישועה. הנובעים כמה מיני מבועים, וכמה צינורות ישפיעו אלו על גב אלו. ויש רצוא ושוב למעלה מרצוא ושוב. ויש מרוצה מתאחרת שממנה יתברכו כל הנבראים, ברכה שלימה, וימצאו נחת רוח, ומרגוע, והשקט, וששון ושמחה:

תם ונשלם השבח לבורא עולם

[67] על פי ישעיהו יב ג

ספר החשמל

סוד הנחש

סוד הנחש

סוד הנחש - רבי יוסף ג'יקטליא ז"ל.

שאלת ממני ידיד נפשי, להודיעך סוד הנחש ומשפטו ולמעשהו:

וקודם שאכנס בו בביאורו, צריך אני להודיעך עיקרים גדולים, שהם צורך גדול בהשגת דבר זה. כבר הודעתיך בני כי מן הבינ"ה ולמעלה אינו מושג ונודע לשום נברא ועין[1] לא ראתה אלהי"ם זולתך. אמנם מן הגדוחמשה ושלשים והגבור"ה ולמטה, שרים עליונים מחוברים באבות, שמן הצדדים אברהם יצחק. והנה **אברהם** שהוא סוד הזרוע הימין, [בו] מחוברים חמשה ושלשים שרים, על ידי ישמעאל, שסמוך לו מצרים שהיא שניה לארץ ישראל. ולמצרים סמוכות שאר ממלכות לשלושים וחמשה שרים, לצד ימין שהוא אברהם, וכולם מחוברים באברהם על ידי מצרים, שהיא ראשונה לממשלות ומחוברות באברהם, על ידי ישמעאל:

והסוד שהגר המצרית ילדה את ישמעאל לאברהם שנאמר - ותקח[2] לו אמו אשה מארץ מצרים. מארץ מצרים בוודאי, והיא אחיזת מצרים באברהם על ידי ישמעאל. והנה מצד אברהם נאחזים בזרוע ימין לחמשה ושלשים שרים, ואחר שורת חמשה ושלשים שרים מבחוץ, יש כחות אחרות סמוכות לשרים מצד אברהם, ואותם הכוחות, נקראים בני פילגשים, כתיב - ויוסף[3] אברהם ויקח אשה ושמה קטורה. קטורה ממש, הם שצריכים קטרת להבריחם מן המרכבה -

[1] ישעיהו סד ג

[2] בראשית כא כא

[3] בראשית כה כא

סוד הנחש

ישימו[4] קטורה באפך. וכתיב - ולבני[5] הפלגשים אשר לאברהם נתן אברהם מתנות וישלחם מעל יצחק בנו בעודנו חי קדמה אל ארץ קדם. בהכרח צריכים שלוח, ושמות הטומאה מסר להם כי בהכרח בני הפלגשים היו, והם הראויים לזוהמא ולטומאה, נתן להם מקום אחיזה. ודע, כי מצד שמאל הוא יצחק, וחמשה ושלשים שרים נאחזים בו מצד עשו, וכל אותם השרים נקראים בדרך כלל גוים, וראשית כולם עמלק בן עשו, שנאמר - ראשית[6] גוים עמלק. ראשיתו נאחז בזרועות עולם ביצחק, כי הוא ראשית גוים. כי מן הענק ולמעלה, לא עלה אלא יעקב ע"ה לבד, ומן הזרועות ולמטה הוא ראשית גוים, כתיב - ולתתך[7] עליון על כל הגוים. עליו"ן ותהו"ם הם מיוחדים לישראל, על ידי יעקב:

וזהו סוד העולם הבא, יין המשומר בענביו, שאין בו צד יין נסך, שלא עלה לשם שום שר של גוים, ואינו מנוסך לעבודה זרה, משם ולמטה שוכנים הגויים, והזרועות הם אוחזות הגויים, ומצד הגבורה הוא היין שאינו משומר, ונעשה יין נסך:

והנה ביצחק הוא מקום אחיזת חמשה ושלשים שרים של גוים, על ידי עשו על ידי עמלק. מה כתיב ביצחק - הביאה[8] לי ציד ועשה לי מטעמים ואכלה ואברככה לפני הוי"ה לפני מותי. וכתיב - ויבא[9] לו יין וישת. וכתיב - ויתן[10] לך האלהי"ם. רצה להחזירו ולחברו בקשר הבינ"ה שהוא מקום ירידת הטל, רצה לקושרו. **ומשמני הארץ**, מאחר

---

4 דברים לג י

5 בראשית כה ו

6 במדבר כד כ

7 דברים כו יט

8 בראשית כז ז

9 בראשית כז כה

10 בראשית כז כח

שלא זכה עשו לבינ"ה, שהוא מקום הטל, רצה לקושרו באותו מקום כי מקום הטל מכרו עשו:

וזהו סוד הגבורה - קדש[11] לי כל. בסוד החכמ"ה - הוא[12] ראשית אונו לו משפט הבכורה. והטל יורד מן הגבורו"ת, והגשמים יורדים מן הגבור"ה, לפיכך הטל אינו פוסק והגשמים פוסקים, והנה הגבורו"ת הוא - **סוד יין המשומר**, והגבור"ה הוא מקום שנעשה יין נסך. כתיב - הוא[13] אלהי"ם חיים. וכתיב - לא[14] יהיה לך אלהי"ם אחרים על פני. וכתיב - אל[15] חי בקרבכם. וכתיב - בשם[16] הוי"ה אל עולם. וכתיב - אין[17] עמו אל נכר. וכתיב - לא[18] תשתחוה לאל אחר:

מן הזרועות ולמטה הנקראים גבור"ה, נעשה יין נסך ומתנסך לעבודה זרה במגע הגוי, לפי שבאותן המקומות מגע היין, ומן הזרועות ולמעלה שהוא מקום הבינ"ה והגבור"ה [נראה לי והחכמ"ה]. אין עושה יין נסך, שלא עלה שם שר של גוי ונקרא יין המשומר, והוא סוד העולם הבא ויעקב לבדו עלה שם וכתיב - כי[19] יעקב בחר לו י"ה. וכתיב - ששם[20] עלו שבטים שבטי י"ה. וכל[21] ישראל יש להם חלק לעולם הבא. ואם הזיד אדם מישראל לשתות יין נסך, נאחז בו הקוצים והברקנים, של אלה"י המסכה ואינו מתפרד מהם ומאבד חלקו מן היין המשומר, שהוא חיי

---

11 שמות יג ב

12 דברים כא יז

13 ירמיהו י י

14 שמות כ ב

15 יהושע ג י

16 שמות ו ג

17 דברים לב יב

18 שמות לד יד

19 תהלים קלה ד

20 תהלים קכב ד

21 משנה סנהדרין י א

סוד הנחש

העולם הבא. כתיב - סירים[22] סבוכים וכסבאם סבואים. וכתיב - אשר[23] חלב זבחימו יאכלו. וכתיב - ויין[24] ישמח לבב אנוש. וארז"ל לא נברא יין אלא לנחם אבלים. וכתיב - תנו[25] שכר לאובד ויין למרי נפש. לפי שהיין הוא ממקום השמחה, שאין שם דאגה והוא מבתי גואי, שהכתוב מעיד עליו - הוד[26] והדר. וכתיב - המשמח[27] אלהי"ם ואנשים:

ודע, כי למעלה משמח אלהי"ם, כי שפע הגבור"ה מיין המשומר, אמנם מתנסך לפעמים שהרי כתיב - ויבא[28] לו יין וישת. ואלמלא הקדים יעקב יין, והביאו למה היה כוחה של עבודה זרה ביין נסך, וכתיב - ואלכה[29] לנגדך. אין מלך, ואין שר, ואין זבח, ואין מצבה, ואין אפוד, ואין תרפים, כל זה תועלת בשהקדים יעקב ע"ה והביאו:

ודע, כי שבעים כתרים עליונים נאחזים באברהם ויצחק, על ידי יין, לפי שהוא מקומו במוח בוודאי. ואחר שהודעתיך זה, דע כי ביצחק נאחזים חמשה ושלשים שרים לשמאל, על ידי אדום, ועל ידי עמלק. ודע כי עמלק הוא ראשו של נחש הקדמוני, והוא נאחז בלחש והנחש מרכבתו, כתיב - הנני[30] עומד לפניך שם על הצור בחרב והכית בצור ויצאו ממנו מים ושתה העם ויעש כן משה לעיני זקני ישראל. וזה היה ברפידים, ובאותו המקום נמצאו הנחש ועמלק מזדווגים כאחד, וכתיב - דרך[31] נחש עלי צור. וכתיב - ויבא[32] עמלק וילחם. בוודאי נתחברו צור

22 נחום א י
23 דברים לב לח
24 תהלים קד טו
25 משלי לא ו
26 תהלים כא ו
27 שופטים ט יג
28 בראשית כז כה
29 בראשית לג יב
30 שמות יז ו
31 משלי ל יט
32 שמות יז ח

ונחש ועמלק. כתיב - ראשית[33] גוים עמלק. כתיב בעמלק - אשר[34] שם לו בדרך בעלותו ממצרים. במקום הנקרא דרך אורב לישראל, ששם הניחו אדם, כשנפל סמא"ל כתיב - על[35] גחונך תלך:

ולעולם הוא מוצאו אצל האישה, אמנם מכתו הוא בראשונה כתיב - הוא[36] ישופך ראש. לפי כל מיני מנחשים ומעוננים וקוסמים, על ידי נופלים וגלוי עיניים, גורל עזאזל, וזו הייתה השגתו של בלעם, שכתוב - נפל[37] וגלוי עינים. כתיב - הנפילים[38] היו בארץ בימים ההם וגם אחרי כן אשר יבאו בני האלהי"ם אל בנות האדם וילדו להם המה הגברים אשר מעולם אנשי השם. המה **הגבורים** מצד הגבור"ה היו:

כתיב בעמלק - אשר[39] קרך בדרך ויזנב בך כל הנחשלים אחריך ואתה עיף ויגע ולא ירא אלהי"ם. במקום **יסו"ד** שהוא הדרך - **ויזנב בך**, בזנבו ממש במקום נפילתו - באשר[40] כרע שם נפל שדוד. ואמרו חז"ל - שהיה[41] עושה עם אתונו מעשה אישות בלילה. וזה היה מגיע להשגת המנחשים בוודאי, ועל ידי הקר"י שהיה עושה עם אתונוף כתיב - ויקר[42] אלהי"ם אל בלעם. וכתיב - ויתיצב[43] מלאך הוי"ה בדרך לשטן לו והוא רוכב על אתנו. רוכב בוודאי. כתיב - דרך[44] נחש עלי צור דרך אניה בלב ים ודרך גבר

---

33 במדבר כד כ
34 שמואל-א טו ב
35 בראשית ג יד
36 בראשית ג טו
37 במדבר כד ד
38 בראשית ו ד
39 דברים כה יח
40 שופטים ה כז
41 סנהדרין קה ב
42 במדבר כג ד
43 במדבר כב כב
44 משלי ל יט

סוד הנחש

בעלמה:

ודע כי כמו שהיה משה רבינו ע"ה, ראש לכל הנביאים, והשיג למעלה מכולם, ב**תפאר"ת**, והוא בתכלית הטהרה. כן בלעם הרשע, הוא ראש לכל המנחשים והקוסמים, ולמעלה מכולם, והשיג מבחוץ על הזרוע, והוא היה בתכלית הטומאה והזוהמא.

לפיכך אמרו רז"ל במדרש[45] - ולא[46] קם נביא עוד בישראל כמשה. בישראל לא קם אבל באומות העולם קם ומנו בלעם. ואמרו - מה[47] בין נבואת בלעם לנבואת משה, משה אינו יודע מי מדבר עמו, ואימתי מדבר עמו, ובלעם היה יודע וכו'. והבן מה שאמרנו בעניין זה כי זה כסא לתפארת מבפנים, וזה היה ענין נחש מבחוץ:

וסימנם אפוד ותרפים, ולפיכך קללתו של בלעם מתקיימת, לפי שהוא סוד הנחש, ועומדת קללתו וברכתו כשהמקטרג מורה זו, וזהו סוד - לא[48] אשלחך כי אם ברכתני. וכתיב - ויברך[49] אותו שם. וכתיב - שם[50] המקום ההוא פניאל. וכתיב - פני[51] הוי"ה בעושי רע. וכתיב - יאר[52] הוי"ה פניו אליך. וכתיב - וירא[53] כי לא יכל לו ויגע בכף ירכו. ממש הוא הדרך והוא המקום שנחש נפל במרכבה, וסמא"ל רוכב עליו והוא מקום הקר"י, והוא מקום של דוד, והוא מקום בית המקדש, והוא מקום קרבת חוהף שאין לו מקום להיכנס ולהתחבר לאדם, אלא על ידי אישה בוודאי:

---

45 ספרי על דברים לד י

46 דברים לד י

47 רמב"ם, ספר המדע, יסודי התורה ז ו

48 בראשית לב כז

49 בראשית לב ל

50 בראשית לב לא

51 תהלים לד יז

52 במדבר ו כה

53 בראשית לב כו

סוד הנחש

לפיכך אמר - אשר[54] קרך בדרך ויזנב. וכתיב - הוא[55] ישופך ראש ואתה תשופנו עקב. וכתיב - יהי[56] דן נחש עלי דרך שפיפן עלי ארח הנשך עקבי סוס ויפל רכבו אחור. על ידי דן עתיד הנחש להיעקר מן העולם, וכתיב - וידו[57] אוחזת בעקב עשו. וכתיב - והיה[58] עקב תשמעון. עקב[59] אשר שמע אברהם בקולי. אלמלא שנצח סמא"ל את יעקב, באותו מקום עצמו רצה בלעם לנצח את ישראל, ובאו מלאכי השרת, ועמדו במשעול הכרמים גדר מזה וגדר מזה, במקום **נצ"ח והו"ד** סתמו המבואות. ואז צווח בלעם - מה[60] אקוב לא קבה. אל לא מצאתי נקב להיכנס - ונוקב[61] שם הוי"ה מות יומת. והנביא מכריז ואומר - עמי[62] זכר נא מה יעץ בלק מלך מואב ומה ענה אתו בלעם בן בעור מן השטים עד הגלגל למען דעת צדקות הוי"ה. וכתיב - למען[63] דעת צדקות הוי"ה. ***מה יעץ*** בוודאי, ***למען דעת צדקות הוי"ה*** בוודאי, וכשראה בלעם זה צווח ואמר - כי[64] לא נחש ביעקב. ולא מצא מקום לקללה שהוא על ידי נחש, שכל מקום שהנחש מתדבק שם הקללה מתדבקת, כי **כנסת ישראל** כסא הברכות, **והנחש** כסא הקללות, אימתי כשהכניס מקומו, ופרץ גדרו של עולם לפיכך נתקלקלה האדמה:

ואחר שהודעתיך זה, דע כי מואב ועמלק מזדווגים יחד, להחריב את ישראל, וישמעאל בכללם. לפי שאלו קשורים

---

54 דברים כה יח
55 בראשית ג טו
56 בראשית מט יז
57 בראשית כה כו
58 דברים ז יב
59 בראשית כו ה
60 במדבר כג ח
61 ויקרא כד טז
62 מיכה ו ה
63 מיכה ו ה
64 במדבר כג כג

במרכבה, כתיב באברהם - וילך[65] אתו לוט. הוא כסא הנחש, הנמצא בסיגים של אברהם, מתפרד ממנו אחרי הפרד לוט מעמו - ויאהל[66] עד סדום. מקום גילוי עריות ושפיכות דמים, וכתיב - וישא[67] לוט את עיניו וירא את כל ככר הירדן כי כלה משקה לפני שחת הוי"ה את סדם ואת עמרה כגן הוי"ה כארץ מצרים באכה צער. ובדרך ממש היה עומד ונולד ממנו מואב ועמון, מואב נתחבר לבלעם לקלל את ישראל, כי כן ראוי לו כי לוט. הוא עמון נתחבר לעמלק לטמא מקדש, דכתיב - גבל[68] ועמון ועמלק. כתיב - ותמנע[69] היתה פלגש לאליפז בן עשו ותלד את עמלק. וכתיב - ואחות[70] לוטן תמנע:

ודע כי דוד המלך ע"ה בסדום מצאו השם יתברך, כדכתיב - מצאתי[71] דוד עבדי בשמן קדשי משחתיו. ואמרו רז"ל - היכן[72] מצאו בסדום. מה כתיב - ואת[73] שתי בנותיו הנמצאות. אלו[74] הן רות המואביה ונעמה העמונית שתי פרידות טובות. כתיב - לתאוה[75] יבקש נפרד. וכתיב - ולא[76] ולא יבאו לראות כבלע. ודע והאמן, כי הנחש בתחילת בריאתו היה צורך גדול - תיקון העולם, בהיותו עומד במקומו המיוחד לו בבריאה, והוא היה שמש גדול, נברא לסבול עול המלכות והשעבוד, וראשו על במתי ארץ, וזנבו עד שאול ואבדון, כי בכל העולמות כולם היה לו מקום וצורך גדול לתיקון כל המרכבות, כל אחד במקומה:

65 בראשית יב ד
66 בראשית יג יב
67 בראשית יג י
68 תהלים פג ח
69 בראשית לו יב
70 בראשית לו כב
71 תהלים פט כא
72 בראשית רבה נ י
73 בראשית יט טו
74 בבא קמא לח ב
75 משלי יח א
76 במדבר ד כ

סוד הנחש

וזה סוד[77] - **התל"י** הידוע בספר היצירה, והוא המניע את הגלגלים, במאמר הבורא יתברך והמהפך אותם ממזרח למערב ומצפון לדרום, ואלמלא הוא אין לשום בריה מכל העולם, חיים שתחת גלגל הירח, הזריעה והצמיחה, ואין התעוררות לתולדות כל הנבראים. ובתחילה היה עומד מחוץ לכותלי מחנות הקדושה, והיה מחובר לכותל חיצון שבמחנות, אחוריו היו דבוקות בכותל ופניו, פונות כלפי חוץ, ולא היה לו מקום להיכנס פנימה, והיה מקומו לעבוד עבודת הזריעה והצמיחה, והתולדות מבחוץ:

וזהו סוד עץ הדעת טוב ורע, לפיכך הזהיר השם יתברך לאדם הראשון, שלא יגע בעץ הדעת, בעוד שהטוב והרע שניהם דבוקים בו, אף על פי שזה מבפנים וזה מבחוץ, עד שימתין להפריד את הערלה, שנאמר - וערלתם[78] ערלתו את פריו. כתיב - ותקח[79] מפריו ותאכל. היכנס צלם היכל, ונמצאת הטומאה חיצונה נכנסת לפנים, שנאמר - והנחש[80] היה ערום מכל חית השדה. וכתיב - פתי[81] יאמין לכל דבר. וכתיב - וכי[82] יפתה איש בתולה. וכתיב - לתת[83] לפתאים ערמה. וכתיב - וערומים[84] יכתירו דעת. והכל מבואר:

ואם תאמר הרי כתיב - וירא[85] אלהי"ם את כל אשר עשה והנה טוב מאד. דע כי כל מעשה האלהי"ם כשהם במקומם כל אחד באותו מקום שהכינו והעמידו בבריאתו הוא טוב:

---

[77] ספר יצירה ו ב
[78] ויקרא יט כג
[79] בראשית ג ו
[80] בראשית ג א
[81] משלי יד טו
[82] שמות כב טו
[83] משלי א ד
[84] משלי יד יח
[85] בראשית א לא

סוד הַנָּחָשׁ

וזהו - וערומים[86] יכתירו דעת. ואם להפך ויצא ממקומו הוא
רע לגמרי, שזו היא החכמה השלימה, והטוב הגמור
בבריאתו של עולם, בהיות כל הבריות שברא השם יתברך
על הצורה, ועל המקום, שהכינם והעמידם נקראות טובות,
ובהפך נקראות רעות. ולפיכך נאמר - עושה[87] שלום ובורא
רע. אמר בעניין **השלום** לשון עשיה, ולא כן אמר בעניין
הרע אלא לשון בריאה, כי הפרש גדול ביניהם, שהבריאה
אינה שלמות גמר הדבר אלא העשיה, וכתיב - כל[88] הנקרא
בשמי ולכבודי בראתיו. וכתיב - אשר[89] ברא אלהי"ם
לעשות. ונמצא עץ הדעת הטוב והרע דבוקים בו, הטוב
בהיות הנחש בחוץ במקומו הידוע לו, והרע בהיותו נכנס
להיות להיכל הקדש. נמצא הטוב והרע דבוקים במקום
אחד. ועל ידי הדבר הנקרא דרך, מתחברים, אמנם בסיבת
האישה:

ואחר שידעת זה, דע שהשם יתברך כתב בתורה - ואל[90]
אשה נדת טומאתה לא תקרב. וכתיב - והדוה[91] בנדתה.
וכתיב - ואם[92] טהרה מזובה וספרה:

וכתיב - וערלתם[93] ערלתו את פריו. את פריו ממש שהעץ
טוב ואין בו רע, אבל הפרי יש בו טוב ויש בו רע, וכתיב -
ותרא[94] האשה כי טוב העץ למאכל. וכתיב - ותקח[95] מפריו
ותאכל. וכתיב - וערלתם[96] ערלתו את פריו. וכתיב -

---

86 משלי יד יח
87 ישעיהו מה ז
88 ישעיהו מג ז
89 בראשית ב ג
90 ויקרא יח יט
91 ויקרא טו לג
92 ויקרא טו כח
93 ויקרא יט כג
94 בראשית ג ו
95 בראשית ג ו
96 ויקרא יט כג

ובשנה[97] הרביעית. זהו הדרך, וכתיב - בשנה[98] החמישית. זו היא האשה:

ואחר שהודענוך אלו העיקרים הגדולים, ראוי לתקן לפניך דרך בידיעת המרכבות, ואז תראה ענין הנחש בעניינים [אולי בעיניים]. דע כי השם יתברך תקן סדרי המרכבות מגדולה חמשה ושלשים, וגבור"ה ולמטה בדרך שאודיעך, היכל הקודש מכוון באמצע תפארת גאון יעקב, אברהם חומה מכאן מוקפת סביב ההיכל לימין, ויצחק לשמאל סמוך לאברהם, ישמעאל שורה אחרת, ונקרא בן השפחה, ובו נאחזים חמשה ושלשים שרים, וחוצה לכולם בני קטורה, הנקראים בני הפילגשים. וכבר ביארנו על נכון עניין זה גם ביצחק. נמצאת למד כי הקרובים להיכל הקודש, הם מזוקקים והם טהורים יותר, והרחוקים מהיכל הקודש, כפי רחוקים כך ריבוי זיהמתם:

ודע, כי יש כמה קליפות סביב שבעים שרים, של שבעים כתרים, וכן למטה כנגד - **נצ"ח והו"ד ויסו"ד**. ויש מחנות כדוגמת השרים והקליפות העליונות, כולם נקראו מחנות של טהרה, ומהם של טומאה, אותם של טהרה הם יותר קרובות להיכל, והאחרות הולכות ומתרחקות:

והנני מוסר בידך **מפתח גדול**, דע כי אין בעולם דבר טמא כשהוא עומד במקומו הראוי לו מתחילת הבריאה, ואין בכל המחיצות דבר שאין בו טומאה וטהרה, אלא לפנים מן ההיכל, ואין לך דבר שנקרא טהור, שאינו נקרא לפעמים בלתי טהור, חוץ מן השורה הפנימית. ואין לך דבר בכל הטמאים, שאינו נקרא טהור לפעמים, חוץ מן החיצון שהוא טמא לגמרי:

---

[97] ויקרא יט כד

[98] ויקרא יט כה

סוד הנחש

וזהו סוד - ויבדל[99] אלהי"ם בין האור ובין החשך. וזהו סוד - עשר[100] קדושות בארץ ישראל זו לפנים מזו. ועשר[101] טומאות פורשות מן האדם זו למעלה מזו. וזהו סוד שלש מחנות. וזהו שנאמר - וישלחו[102] מן המחנה כל צרוע וכל זב וכל טמא לנפש. ששולחים אותם משלוש מחנות, ודע כי כל אלו הקדושות והטומאות, על דברים שהזהירה תורה עליהם בעניין טומאה, כולם אין בהם דבר טהור כשאין בו צד טומאה, מלבד השורה הפנימית. ואין לך טמא שאין בו צד טהרה, מלבד השורה החיצונה לגמרי. וכל הטומאות והטהרות כולן, יש להן למעלה במרכבות מקום אחיזה ותולדה ומקור קיום ועמידה, כל אחת במקומה ושיעורה כדמיון המים המתוקין והמלוחים, יש להם מקורות ממה שנמשכים. ואף על פי שיש מקור אחד פנימי שהם מתוקים. ודע כי על ידי המערכות שהמים נובעים בהם, משתנה טעמם, מים מתוקים, ומהם מרים, ומהם מלוחים, ומהם חמוצים, ומהם עפוצים, ומהם נקראים המים הזדונים, ומים הרעים, ושאר מיני שמות:

ובדרך זו אין למטה **חול"ד ועכב"ר וצ"ב** ושאר מיני שקצים ורמשים, ומיני עופות ודגים אסורים וטמאים, שאין להם מקום אחיזה למעלה בשלוש מערכות, מערכת השרים, ומערכת המחנות ומערכת הארצות. וכל מין ומין הטהורים והטמאים למטה, מושך ממקומו, ולפי שראוי להיות הטהורים בפנים, והטמאים בחוץ, צווה הקדוש ברוך הוא את ישראל, שלא יאכלו הדברים שטמא להם, והשקצים ששקץ להם, לפי שישראל הם טהורים, והם חלקו של מקום, והם שוכנים בהיכל פנימי. ואילו יאכלו הדברים הטמאים, הרי ישראל מטמאים, שכל פנימי שבהם כשהם נכנסים בהיכל, וגופן מטומא ומשוקץ באותם

[99] בראשית א ד
[100] משנה כלים א ו-ט
[101] משנה כלים א ה
[102] במדבר ה ב

סוד הנחש

הדברים, ודומה חטאם לחטא אדם הראשון, שאכל מפרי עץ הדעת טוב ורע, וראויים גלות וגירושין, כמו שגירש הקדוש ברוך הוא לאדם הראשון מגן עדן, אבל ראויים להיבדל מכל הדברים לגמרי, דכתיב - והבדלתם[103] בין הבהמה הטהרה לטמאה ובין העוף הטמא לטהר ולא תשקצו את נפשתיכם בבהמה ובעוף ובכל אשר תרמש האדמה אשר הבדלתי לכם לטמא. **ולא תשקצו את נפשותיכם בבהמה ובעוף**. וכתיב - כי[104] אני הוי"ה אלהיכ"ם. ר"ל כמו שאני טהור, ושכינתי בהיכל פנימי, ואתם חלקי וגורלי, ראוי לכם שלא תאכלו הדברים שהם טמאים, כדי שלא תטמאו את המקדש:

ואחר שידעת זה, דע כי הדברים שהם טמאים, כל הכוחות החיצונים השוכנים סביב היכל הקדש הפנימי, בין אותם הכוחות החיצונים, שהם קרובים להיכל בין אותם שהם רחוקים, משיגים ורואים כל אחד כפי שראוי תוקף גדולת השם יתברך, ויופיו ונועם היכלו. אבל אינם נכנסים לפנים, ואין לאחד מהם רשות לצאת חוץ לגבולו, אלא כל אחד עומד במקומו, רואה ומשיג **מס"ך ופרגו"ד**, וכן כל כחות הטומאה שומעים ויודעים כל אחד במקומו הראוי לו, במחיצתו, לפי שאין לשום אחד מהם רשות ויכולת להיכנס לפנים ולצאת חוץ למחיצתו, ומחיצה שלו נקראת **פרגוד**.
וזהו אמרם בכל מקום - כך[105] שמעתי מאחרי הפרגוד:

והנה כל אותם הכוחות החיצונים, הרואים יופי ההיכלות הפנימיים, והמעדנים, והתענוגים, והכתרים, והנחלות, והששון והשמחה, שהם בהיכלות הפנימיים, מתאווים ונכספים להיכנס, להדבק בהיכלי עונג הפנימיים, לפי שבפנים עומדים כל שמחות ותענוגים ומעדנים ומיני כבוד.

---

103 ויקרא כ כה
104 ויקרא יא מד
105 חגיגה טו א

אבל בחוץ, אין שם זולתי אותם הגרעינים והעצמות והקליפות שלא יתערבו מבפנים. וזהו סוד - משעול[106] הכרמים. והסוד - הנותן[107] מטר על פני הארץ על פני חוצות. ומרוב תשוקת הכוחות החיצונים ותאוותם להיכנס לפנים, ונכספין ומשתוקקין אין שקטין רגע שלא מתאוין להיכנס ולהדבק בפנים, דע כי האדם לבדו יש כח ותאווה להיכנס לפנים ולצאת לחוץ:

וזהו סוד - נעשה[108] אדם בצלמנו כדמותינו. וכתיב - הן[109] האדם היה כאחד ממנו לדעת טוב ורע ועתה פן ישלח ידו ולקח גם מעץ החיים ואכל וחי לעלם. ולפי שהאדם משוכלל בכל הדברים העליונים והתחתונים, נתן השם יתברך בידו לבוא להיכל הקודש, ולצאת לחוץ, ולהיכניס ולהוציא, אבל צווה אותו והפקידו שישמור לבל יכניס טמאים לפנים, ואל יוציא טהורים לחוץ. וכן צווה הקדוש ברוך הוא לאדם הראשון - ויניחהו[110] בגן עדן לעבדה ולשמרה. **לעבדה ולשמרה** בוודאי. מכאן תבין כמה הוא כחו של אדם בקיום המצות, או בעשות עבירה, ולפי שהאדם הוא רגל מרכבות עליונות ותחתונות, יש בו כח לצאת ולבוא ולהביא ולהוציא, נצטווה בגן עדן בתחילה ונצטווה בהר סיני בסוף:

ואחר שידעת זה, דע כי כל הכוחות החיצונים הטמאים השוכנים בחוץ, ורואים מבחוץ מעלת היכל פנימי, ותענוגיו ומעדניו ותפארתו וכבודו, ויודעין שאינם יכולים להיכנס לשם בשום צד וענין, אלא האדם לבד, משתוקקין ונכספים להידבק באדם, שאינם יכולים להידבק באדם אם לא יעבור עבירה מעין אותו הדבר שהם רוצים, והם

---

106 במדבר כב כד

107 איוב ה י

108 בראשית א כו

109 בראשית ג כב

110 בראשית ב טו

משתדלים תמיד להשכיל את האדם בעבירה, כדי שימצא מהן אותה עבירה להידבק באדם. וכשעובר אדם עבירה אזי הם נדבקים בו ונכנסין עמו להיכל הקודש, למקום שהוא נכנס, ונמצא צלם שנכנס בהיכל, לפי שאין להם רשות להיכנס אלא על ידי אדם:

וזהו סוד - ראה[111] נתתי לפניך היום את החיים ואת הטוב ואת המות ואת הרע. ונמצאו כל הטהרות והטומאות דבקות באדם, והאדם גורם לתקן עולם או לחורבנו. זהו דרך אדם הראשון ועניינו ומעשהו, לקח אותו השם יתברך ויניחהו בגן עדן, וצווהו לבל יוציא טהורים לחוץ, ולא יכניס טמאים לפנים, ולא יערב טהורים עם טמאים, לא במעשה, ולא בדבור, לא במאכל, ולא במשתה. וזהו סוד - **לעבדה ולשמרה**, וצווהו שלא יאכל מעץ הדעת טוב ורע, שהוא כלל כל מה שאמרנו בגופו ובאכילתו הכל תלוי, והוא עבר ואכל ושתה מן הנקרא - חמת[112] תנינים יינם. וטמא עליונים ותחתונים, כתיב - אך[113] שמריה ימצו ישתו כל רשעי ארץ:

ונמצא שחטא אדם הראשון בעולם התחתון ועליון, בפעולת ידים ובמעשה, וקצץ בנטיעות והוסיף לעשות, וגורש מן ההיכל הקדוש, הנקרא היכל הפנימי, שמא יוסיף להכניס צלם גם בקדשי הקדשים ויגדל חטא, וזהו סוד - הן[114] האדם היה כאחד ממנו לדעת טוב ורע ועתה פן ישלח ידו ולקח גם מעץ החיים ואכל וחי לעלם. וישלחהו[115] האלהי"ם מגן עדן:

ואחר שהודענוך אלו העיקרים, דע כי הנחש הקדמוני בתחילת ברייתו של עולם, הוא עומד מבחוץ לחומות

---

111 דברים ל טו
112 דברים לב לג
113 תהלים עה ט
114 בראשית ג כב
115 בראשית ג כג

סוד הַנָּחָשׁ

הקודש כולן, דכתיב - והנחש[116] היה ערום מכל חית השדה. ממש, אבל היה רואה ושומע מאחרי הפרגוד, ולא היה יכול לצאת ולבוא חוץ למחיצתו, ואותו נחש היה עומד בקומה זקופה, ראשו בזרועות הנקראות במות עולם, וסוף זנבו יורד עד שאול ואבדון, והערלה נקשרת בו. והוא היה מוכן לעבוד עבודת רתיחת הטבעיים כולן אבל מבחוץ, הביט וראה כבודו של אדם בהיכל הקודש, וראה עבודתו שלו ושעבודו מבחוץ, וראה שאין לו דרך להיכנס אלא על ידי אדם. ונתגלגל העניין וטימא היכל הפנימי, עד בוא אשר לו המשפט, והנה מה שהיה תחילה בכלל טוב, בכלל ברכה, נתחלל ונדבקה בו הקללה, ונפל ממקומו למטה, למקום הנקרא דרך, ואין דרך להוציאו מאותו מקום עד בו הזמן, שנאמר - והיה[117] צדק אזור מתניו והאמונה אזר חלציו:

ודע שזהו סוד גיד הנשה הדבק בכף הירך, ואף על פי שיעקב אבינו מיטתו שלימה, גיד הנשה נשאר בו, והרי הכניסו אדם הראשון לפנים, ותקעו בכף הירך, ולפיכך - וירא[118] כי לא יכל לו ויגע בכף ירכו ותקע כף ירך יעקב. וכתיב - והוא[119] צולע על ירכו. וכתיב - ויקח[120] אחת מצלעותיו. וכתיב - כי[121] אני לצלע נכון. וכתיב - ובצלעי[122] שמחו ונאספו. וכתיב - ולצלע[123] המשכן השנית. ולפיכך אסרוהו בני יעקב מעצמם, ולא המתינו לסיני, וזהו שבח שלהם - כי[124] לא נחש ביעקב:

ואחר שעל ידי שידעת זה, דע כי הנחש הקדמוני יש לו

[116] בראשית ג א
[117] ישעיהו יא ה
[118] בראשית לב כו
[119] בראשית לב לב
[120] בראשית ב כא
[121] תהלים לח יח
[122] תהלים לה טו
[123] שמות כו כ
[124] במדבר כג כג

דברים הרבה בכותל המרכבה מבחוץ, וכשהכניסו אדם לפנים, נשתרשו גידיו בכמה דברים ודרכים, ונאחזו על ידי לוט ובניו מצד הימין, ועל ידי עשו ועמלק מצד שמאל, ועדיין הוא נאחז. ועליו כתיב - כי[125] יד על כס י"ה מלחמה להוי"ה בעמלק. וכתיב בשאול - והכית[126] את עמלק. ולא גמר המצווה שהיא, גמר דבוקה **במלכו"ת**, ואיבד המלכות, ובא דוד ע"ה ועקר ממנו נחלת עמלק, ולקח את עטרת מלכם:

ודע כי שני שרפים עומדים סביב **היסו"ד** אחד מזה ואחד מזה, ומבדילין בא קודש לחול וגו', ובין יום השביעי וכו'. ובהם סוד הקדושה תלויה. ושלוש קדושות הן - קדושת יוצר, וקדושת עמידה, וקדושת היום, ושלשתן דבקות במרכבה. ואלו השרפים הם שומרים היכל הקודש, לבל יגעו בו נחשים, ולא דברים טמאים, והם מקוה טהרה לטמאים. והם שראה ישעיהו הנביא ע"ה - בשנת[127] מות המלך עזיהו ואראה את אדני ישב על כסא רם ונשא ושוליו מלאים את ההיכל. שרפים[128] עומדים ממעל לו. אף לי - כי[129] נדמיתי כי איש טמא שפתים אנכי ובתוך עם טמא שפתים אנכי יושב כי את המלך הוי"ה צבאו"ת ראו עיני. וכתיב - וישלח[130] הוי"ה בעם את הנחשים השרפים. וכתיב - נחש[131] שרף ועקרב. וכתיב - עשה[132] לך שרף. וכתיב - ויעש[133] משה נחש נחשת. הכל[134] עשה יפה בעתו. וכתיב -

---

125 שמות יז טז
126 שמואל-א טו ג
127 ישעיהו ו א
128 ישעיהו ו ב
129 ישעיהו ו ה
130 במדבר כא ו
131 דברים ח טו
132 במדבר כא ח
133 במדבר כא ט
134 קהלת ג יא

סוד הנחש

מזהו[135] בידך ויאמר מטה. ויאמר[136] השליכהו ארצה ויהי לנחש. וכתיב - הצור[137] תמים פעלו. והביט[138] נחש הנחשת וחי. וכתיב - קדוש[139] יהיה. וכתיב - טהור[140] הוא.

שרף סוד הקדושה, נחש סוד הטהרה, כתיב - כל[141] ימי נזרו קדש הוא. וכתיב **גבא**, הוא טהור הוא הקדושה תוספת אצילות מן **הכת"ר** הטהרה הוצאת כחות חיצונים לחוץ, כתיב - יגלח[142] אדני בתער השכירה בעברי נהר במלך אשור את הראש ושער הרגלים וגם את הזקן תספה. וזה סוד הכהנים והלויים:

וכשתבין עיקרים הללו, יתבאר לפניך סוד נחש עקלתון, וסוד התנין, כי נחש ביבשה, ותנין בים, והכל תיקון המרכבה, והסוד - כי[143] לא נחש ביעקב. וכתיב בלבן הארמי - נחשתי[144] ויברכני הוי"ה בגללך. וכתיב - ועשית[145] מעקה לגגך ולא תשים דמים בביתך כי יפל הנפל ממנו. כתיב - נופל[146] וגלוי עינים. כתיב - כי[147] ימצא חלל באדמה אשר הוי"ה אלהי"ך נתן לך לרשתה נפל בשדה לא נודע מי הכהו. הנפילים[148] היו בארץ. כתיב - כי[149] כשלה ירושלם ויהודה נפל. וכתיב - השליך[150] משמים ארץ תפארת

---

[135] שמות ד ב
[136] שמות ד ג
[137] דברים לב ד
[138] במדבר כא ט
[139] ויקרא כא ח
[140] ויקרא יג יג
[141] במדבר ו ח
[142] ישעיהו ז כ
[143] במדבר כג כג
[144] בראשית ל כז
[145] דברים כב ח
[146] במדבר כד ד
[147] דברים כא א
[148] בראשית ו ד
[149] ישעיהו ג ח
[150] איכה ב א

ישראל. לפיכך - סומך[151] הוי"ה לכל הנופלים. לאותם שהם בסמיכה כתיב - **נו"ן סמ"ך עי"ן** כך הוא, לפיכך אין נו"ן במזמור תהלה לדוד, ואין קו"ף במזמור - אליך[152] הוי"ה נפשי אשא:

וזהו שאמרו רז"ל - אין[153] אדם חשוב רשאי ליפול על פניו אלא אם כן נענה כיהושע. כתיב ביהושע - קום[154] לך למה זה אתה נופל על פניך. כתיב - כי[155] נפלתי קמתי. לא נאמר אקום, אלא **קמתי** קודם, לכן קמתי נרפה לישראל, ונגלה שני מזמורים אחד ל**בינ"ה** ואחד ל**מלכו"ת**. תהלה לדוד ל**בינ"ה**, אלה"י בך בטחתי ל**מלכו"ת**. בזה אין **נו"ן** בזה אין בו **קו"ף**. אקים[156] את סכת דויד הנפלת וגדרתי את פרציהן והרסתיו אקים ובניתיה כימי עולם. בוודאי - **וגדרתי את פרציהן**. המקום שנכנס בזה הנחש, ופורץ גדר ישכנו נחש. ואלה[157] תולדות פרץ. ולפיכך הלבנה נפרצת והריסותיה, אקים וגדר אבניו נהרסה, כי שתי אבנים טובות הם, שתי אבני שוהם, ובהן מפותחות שמות בני ישראל, למטה ולמעלה, כי למטה דר ולמעלה כאבן סוחרת זו כנגד זו - צדק[158] צדק תרדוף למען תחיה וירשת את הארץ. ולפיכך - ואת[159] הצפוני ארחיק מעליכם והדחתיו אל ארץ ציה ושממה את פניו אל הים הקדמני וספו אל הים האחרון ועלה באשו ותעל צחנתו כי הגדיל לעשות. אל[160] תראי אדמה גילי ושמחי כי הגדיל הויה לעשות. **לעשות**

---

[151] תהלים קמה יד
[152] תהלים כה א
[153] מגילה כב ב
[154] יהושע ז י
[155] מיכה ז ח
[156] עמוס ט יא
[157] רות ד יח
[158] דברים טז כ
[159] יואל ב כ
[160] יואל ב כא

סוד הנחש

בוודאי - אשר[161] ברא אלהי"ם לעשות. ביום[162] ההוא יהיה הוי"ה אחד ושמו אחד. מה טעם משום - והיה[163] הוי"ה למלך על כל הארץ. שלא יכנס נחש למקדש - לא[164] יוסיף יבוא בך עוד ערל וטמא. ונחש[165] עפר לחמו. לא[166] יראו ולא ישחיתו בכל הר קדשי. כי ההורס גבולו נקרא משחית, ובאותה שעה נקרא דעה - כי[167] מלאה הארץ דעה את הוי"ה. בהיות עץ הדעת טוב ורע מתמלא מן הדעת לכל הצדדים, אז לא יהיה טוב ורע, אלא הכל טוב בלי פגם בעולם, וזהו **פר"ץ וזר"ח**, פרץ בתחילה, וזרח בסוף - וכבוד[168] הוי"ה עליך זרח. וזרחה[169] לכם יראי שמי שמש צדקה. הצדקה דבוקה בשמש בין **צדי"ק לצד"ק** והוא סוד היחוד, והטעם - והיה[170] אור הלבנה כאור החמה ואור החמה יהיה שבעתים כאור שבעת הימים ביום חבש הוי"ה את שבר עמו ומחץ מכתו ירפא. אם תבין פסוק זה על אמיתתו, תמצא הכל גלוי לפניך.

תם ונשלם השבח לבורא עולם

---

161 בראשית ב ג
162 זכריה יד ט
163 זכריה יד ט
164 ישעיהו נב א
165 ישעיהו סה כה
166 ישעיהו יא ט
167 ישעיהו יא ט
168 ישעיהו ס א
169 מלאכי ג כ
170 ישעיהו ל כו